光明社科文库
GUANGMING DAILY PRESS:
A SOCIAL SCIENCE SERIES

·经济与管理书系·

长时间序列聚类方法及应用研究

——基于股票价格

孙吉红　刘伟成｜著

光明日报出版社

图书在版编目（CIP）数据

长时间序列聚类方法及应用研究：基于股票价格 /
孙吉红，刘伟成著 . -- 北京：光明日报出版社，2021. 5
ISBN 978 - 7 - 5194 - 5982 - 6

Ⅰ. ①长… Ⅱ. ①孙… ②刘… Ⅲ. ①金融—时间序
列分析 Ⅳ. ①F830

中国版本图书馆 CIP 数据核字（2021）第 071538 号

长时间序列聚类方法及应用研究——基于股票价格
CHANGSHIJIAN XULIE JULEI FANGFA JI YINGYONG YANJIU
——JIYU GUPIAO JIAGE

著　　者：孙吉红　　刘伟成

责任编辑：陆希宇　　　　　　　　　责任校对：姚　红
封面设计：中联华文　　　　　　　　责任印制：曹　净

出版发行：光明日报出版社

地　　址：北京市西城区永安路 106 号，100050

电　　话：010 - 63169890（咨询）　 63131930（邮购）

传　　真：010 - 63131930

网　　址：http：//book. gmw. cn

E - mail：luxiyu@ gmw. cn

法律顾问：北京德恒律师事务所龚柳方律师

印　　刷：三河市华东印刷有限公司

装　　订：三河市华东印刷有限公司

本书如有破损、缺页、装订错误，请与本社联系调换，电话：010 - 63131930

开　　本：170mm × 240mm

字　　数：187 千字　　　　　　　　 印　　张：14. 5

版　　次：2021 年 5 月第 1 版　　　 印　　次：2021 年 5 月第 1 次印刷

书　　号：ISBN 978 - 7 - 5194 - 5982 - 6

定　　价：95. 00 元

前　言

　　随着我国市场经济建设的高速发展和市场经济体制的不断完善，人们的金融意识和投资意识日益增强，越来越多的投资者将眼光投向了股票。投资者追求的是投资收益的最大化和投资风险的最小化，因此了解股市、分析股票在投资过程中占着举足轻重的地位。近几年来，证券市场不断扩容、上市公司数量急剧增加，投资者面对数千只股票，不可能对每只股票都进行分析，只有将股票进行分类研究，才可以选择合理的投资组合进行投资。聚类分析是一种行之有效的指导证券投资的方法。运用聚类分析可以揭示一组股票的"相似程度"，帮助投资者准确地了解和把握股票的总体特征和发展趋势，从而确定投资范围，选择有利时机进行合理投资。

　　证券市场系统产生的数据主要分为两大类：股票行情数据和客户交易数据。其中，股票行情数据是在交易过程中产生的，主要包括开盘价、收盘价、交易量等。而股票价格的变动是股票分析者和投资者最为关注的，因为股票价格的变动蕴含了股票的长期走势。股票价格是一组按时间顺序排列的数据，称其为时间序列数据。这种数据在某一时间段内是连续的，其内部存在着一定的规律和某种关系。从数据挖掘范畴来说，数据海量、维度高是股票价格构成的时间序列数据的两个重要特点。同时，股票价格时间序列还具有周期性、随机性、趋势性等特性。

随着计算机技术的迅猛发展，基于海量数据库的时间序列数据挖掘技术出现了，其目的就是从海量的时间序列数据中发现不同的事物之间的相互作用和联系，或者其他的一些未知信息，从而为正确认识事物和做出科学决策提供依据。聚类是数据挖掘的一种重要手段，它是把一组物理的或抽象的对象按照相似性进行归类，也称为"无指导分类"。现在，在数据挖掘领域内，聚类已经成为一种常用的数据分析工具，其目的是将整个目标数据集分成多个不同的类，使得每个类内的数据尽可能相似，而不同类中的数据则具有明显的差别。目前，有三类聚类方法适合对股票价格时间序列数据进行聚类：基于原始数据的方法、基于模型的方法和基于特征提取的方法。这些方法都是针对单只股票时间序列而提出的，用来对一个时间序列的各个子序列进行聚类。首先对时间序列进行分割，然后对分割后得到的子序列集进行聚类。

本著作的聚类对象是一组时间序列数据，每个时间序列为一个数据（完整对象），在一组时间序列中就为一个数据点，因此不能对其进行分割。股票价格时间序列往往非常长，称之为长时间序列，数据点的个数可达到上万，甚至几十万。股票价格长时间序列有其自身的特征，这些特征是按照某种规律变化的，因此，如果用每个数据点的所有属性（一个属性指的是一个时间序列中的一个值）来描述时间序列常常不会直观体现出这些特征，并且对其进行聚类也是困难的。

本著作的研究，是基于股票价格时间序列的特点抽取出的最大 Lyapunov 指数、总功率谱、几个时域特征（幅值平方和、峰值、谷值、方差、峰度、偏度）、趋势项系数、周期、自相关系数、偏相关函数 12 个全序列特征的，旨在用这些全序列特征对股票日收盘价构成的长时间序列进行重新描述，然后提出了一种改进的聚类算法——CURBSC，并用该算法对重新描述后的股票日收盘价时间序列进行聚类。

本书主要内容共分六大部分。

一、相关理论基础与文献综述

第一部分主要讨论本书研究所涉及的基本理论与方法。股票分析技术大体上可以分为两类：定性分析和定量分析，也可以称之为基本分析和技术分析。时间序列聚类分析技术可以归类于技术分析的范畴，而技术分析的基础是股票市场波动性理论。这部分首先对有效市场理论和分形市场理论进行了论述，然后对时间序列聚类分析技术的概念、分类和主要技术进行了分析和比较，并提出了本著作采用的长时间序列聚类方法。

二、长时间序列的重新描述

由于长时间序列的数据量太大而且维度很高，对于不同领域的时间序列很难定义统一的相似度量公式，因此用普通的时间序列数据挖掘工具直接对原始的长时间序列进行聚类很难达到理想的效率，而且代价高昂。如何对时间序列进行重新描述是长时间序列聚类的首要问题。这部分对时间序列重新描述方法的作用和选择原则进行了概括和总结，指出提取时间序列的特征来描述原时间序列是一个比较好的方法，不仅可以保留原始时间序列的信息，而且可以对时间序列有效压缩，大大降低聚类计算过程的复杂度，提高了长时间序列数据挖掘的效率。

三、股票价格长时间序列的预处理——去噪处理

时间序列由低频的趋势性成分、周期性成分和高频的细微波动组成，这些波动就是噪声。股价指数编码的不合理性、机构大户的造市行为，以及诸多外在因冲击影响造成股市的强烈波动，使得股票价格时间序列表现为高噪声。随机噪声对股市行情预测的危害是显而易见的，所以要对股票长时间序列进行预处理，而去噪就是预处理的一部分。当前，股票价格时间序列的去噪方法层出不穷，各种方法各有其特点。其中，应用最多的是傅里叶变换的去噪方法和小波变换的去噪方法。小波变换的去噪方法因其擅长信噪分离、去噪效果好，并且适合于处理非平

稳时间序列，因此小波去噪得以在证券市场得到了日益广泛的运用，渐渐成为主要的去噪方法。本著作采用的就是小波去噪的方法。第三部分首先对小波去噪的基本原理和方法进行了分析，然后对本著作所采用的非线性小波变换阈值法去噪方法进行了详细论述，并对相关重要参数进行了设定。

四、股票价格长时间序列的全序列特征

对全序列进行聚类，首先要对时间序列进行特征提取，抓住时间序列的总体特征构造以提取的特征为属性的时间序列，然后再对这些重构的时间序列聚类，一方面达到降维的目的，另一方面建立样本属性变量一一对应关系，可以应用一般的聚类方法达到对时间序列聚类的目的。这部分首先对长时间序列的全序列特征进行概括，然后论述基于小波分析的长时间序列全序列特征抽取方法。最后，基于这些抽取方法，采用Matlab 编程对一只股票的日收盘价时间序列的全系列特征进行抽取。

五、一种改进的聚类混合算法

本著作提出的聚类混合算法是对 CURE 算法的一种改进。第五部分先对 CURE 算法进行了描述，并分析了其优缺点。然后基于 CURE 算法存在的问题，提出了一种改进的聚类混合算法，即 CURBSC（Clustering Using Representative Based on Subtractive Clustering）算法。并给出了该算法的流程图。为了验证 CURBSC 算法的可行性，这部分最后采用了UCI 数据库中三个数据库的数据，分别对其进行 CURE 和 CURBSC 的聚类仿真实验，并对聚类结果进行了有效性和时间复杂度的分析。

六、股票价格长时间序列聚类实证分析

在前文各部分研究的基础上，第六部分对从齐鲁证券的通达信软件上下载的 40 只股票的日收盘价构成的长时间序列进行了处理和聚类。其中包括对原始时间序列进行去噪、全序列特征抽取、归一化处理和聚类等。最后对提出的改进的聚类算法进行了评价，包括该算法的优缺点以及未来的研究方向等。

　　本书的创新之处在于三个方面。第一，深入研究了时间序列的表征方法，针对股票价格时间序列数据库海量、维度高的特点，为了对海量数据库进行降维并且不降低数据所包含的信息，提出了采用全序列特征对其进行重新描述。这样不仅可以节省数据的存储空间，更能提高处理数据的速度，从而提高系统的效率。第二，全面深入地探讨了时间序列数据挖掘的聚类算法，并对已有的主要聚类算法进行了比较研究，提出了针对长时间序列的更有效的数据挖掘聚类策略。基于 CURE 算法不能正确分区和减聚类算法能够自适应确定聚类个数及类中心的特点，本著作提出了采用 CURE 和减聚类相结合的算法对全序列特征表征的时间序列进行聚类。第三，将所采用的聚类算法应用于中国股票市场，对股票价格长时间序列进行聚类分析，通过实证研究验证了 CURE 和减聚类相结合的算法的有效性。本著作的研究将填补国内在时间序列数据挖掘领域中对长时间序列进行研究方面的不足，为深化研究金融时间序列数据挖掘及其实际应用提供理论依据与方法。

目　录
CONTENTS

第一章

引　言

　　该章为本著作的引言部分，将按以下顺序组织：选题背景和研究意义、国内外研究现状分析、几个有关概念、本书所采用的研究方法、研究内容及创新之处。

第一节　选题背景及研究意义

一、选题背景

　　随着计算机技术和网络通信技术的迅速发展以及大容量存储技术和条形码等信息获取技术的广泛应用，人们在日常事务处理和科学研究中积累了大量的各种不同类型的海量数据。其中，按照一定顺序排列（尤其是按照时间先后顺序排列）的数据在海量数据库中占着很大的比重，这些数据就是时间序列类型的数据。狭义来说，所谓时间序列类型的数据（以下简称为"时间序列数据"或"时间序列"）就是按照时间先后顺序排列的各个观测记录的数据集合。广义来说，除了根据时间这一时间序列标准定义外，其他一些数据类型（如图形、图像、语音、文本等），虽然没有"时间"的概念，但也可间接被转换成时间序列。

例如，对于黑白图像，可以构建每个像素的灰度的直方图，然后将直方图连接起来构成一个序列，这样就可以将其按一般时间序列数据来处理。最近研究证明，将普通数据描绘成时间序列数据，对其进行数据挖掘，将产生意想不到的可喜效果。

时间序列数据不仅仅是记录历史事件、展现事物变化的一种方式。更重要的是，时间序列数据中通常隐含着许多很有用的信息，蕴藏着许多潜在的发展规律。时间序列数据挖掘的任务就是从海量的时间序列数据中挖掘隐含的、先前未知的、潜在有用的知识，以掌握事物发展的规律和趋势。因此，随着时间推移和时间序列数据的不断增长，面对在日常事务处理和科学研究中积累的海量的时间序列数据，如何对其进行分析处理，从而更有效地发现其蕴含的知识、挖掘其潜在的发展规律、发现不同事物之间的相互作用和联系，已经受到国内外越来越多数据挖掘研究人员的广泛关注。目前，时间序列的数据挖掘已经成为数据挖掘相关领域研究人员的研究热点。基于一个或多个时间序列的数据挖掘称为"时间序列数据挖掘"（Time - series Data Mining，简称TDM），它可以从时间序列中抽取时间序列内部的规律，并应用于对时间序列的数值、周期或趋势进行分析预测等。

数据挖掘中一个很重要的任务是聚类。聚类是一种无监督分类，是一种重要的数据分析技术，其目的是搜索并识别一个个有限的种类集合或簇集合，从而更好地描述数据。作为统计学的一个重要分支，聚类分析已经被广泛研究了许多年，目前已经广泛地应用到诸多领域中，包括模式识别、数据分析、图像处理以及市场、地理信息、天气信息的研究和预测等。在时间序列数据挖掘中，聚类分析的主要任务是为了发现数据集合内部的某种联系，从而得到时间序列的发展规律，为正确认识事物的本质和做出科学的决策提供有效的依据，有利于做出更加精确的预测。此外，聚类分析常常作为关联分析、分类等算法的预处理步骤。首先对原始数据进行聚类，然后对生成的类进行相应的关联分析或分裂处理。这样会较大程度地提高处理的速度，从而改善数据挖掘的工作效率。因此聚类分析已经成为数据挖掘领域中一个非常活跃的研究课题①。

时间序列在社会生活的各个领域中都广泛存在，无论是从经济金融到工程还是从天文到地理，几乎在各个领域每时每刻都会有大量的时间序列数据产生。如经济金融领域中某股票或证券每天或者每分钟的价格变化；地震预测研究中，地震每秒的 p 波频率大小；气象预报研究中，某一地区每天甚至每小时气温与气压的读数；工程应用领域中，机械振动信号的变化；生物医学中，病人每个时刻的心电图变化、人脑电波的变化；日常生活中人们的购物信息等等。由于时间序列普遍存在，以及计算机硬件存储技术的飞速发展，测量和获得数据非常便利，因此在近十年里时间序列数据库容量呈指数级急剧增长，GB 甚至 TB 这样的数据库规模到处可见。这样就造成了长时间序列的大量存在。相对短时间序列而言，对长时间序列数据进行数据挖掘将更复杂，国外已经有很多的科研人员参与了长时间序列数据的挖掘研究和聚类分析的研究②③。他们的研究认为长时间序列有下列几个特征。首先，长时间序列的长度和间隔是不统一的，所以必须对长时间序列进行预处理。然而，单纯地通过剔除数据点来缩短时间序列会造成重要信息的丢失。其次，长时间序列包含长周期事件和短周期事件，它们的长度和相位也是不同的。最

① CHEN M S, HAN J, YU P S. Data mining: an overview from a database perspective [J]. IEEE Transactions on Knowledge and Data Engineering, 1996, 8 (6): 866 - 883.

② HIRANO S, TSUMOTO S. Empirical comparison of clustering methods for long time - series databases [M]. Heidelberg, Berlin: Springer-Verlag, 2005: 268 - 286.

③ CHAMOLI A, BANSAL A R, DIMRI V P. Wavelet and rescaled range approach for the Hurst coefficient for short and long time series [J]. Computers & Geosciences, 2007 (33): 83 - 93.

后，数据的抽样区间由于时间序列的获取策略和标准不尽相同而有所变化。目前长时间序列聚类算法有很多，比如动态时间规整 DTW 算法（dynamic time warping，DTW）、多尺度结构匹配算法（multiscale structure matching）等。

二、研究意义

（一）理论意义

时间序列数据挖掘是一个发展非常迅速的研究领域。自从 1993 年阿格拉瓦尔（Agrawal）等人①首先发表了关于时间序列相似搜索的研究论文之后，相关研究项目和研究人员不断增加，研究项目主要包括时间序列预处理、相似性度量、时间序列数据表示方法、模式发现、分类和聚类、规则识别、异常检测、模式发现等多个任务。该领域的研究涉及机器学习、模式识别、数理统计、应用数学、人工智能、数据库等多门学科知识，是一个综合性强、富有挑战性的研究领域。因此，对这一课题的充分研究，能够在一定程度上丰富和拓展数据挖掘和时间序列聚类分析的理论体系，具有一定的理论意义。

（二）实践意义

时间序列数据是当前数据挖掘中最常见的一类数据，人们日常生活中的各个方面几乎都能接触到它，大量存在于经济、金融、生物医药、天文、地理地质、太空探测、网络管理等诸多学科和工业领域。除了依据时间的测量值这一时间序列标准定义外，其他一些数据类型，如图形、图像、语音、文本等，虽然缺乏"时间"的概念，但也

---

① AGRAWAL R, FALOUSTSOS C, SWAMI A. Efficient similarity search in sequence databases [C] // David B L. Proc. of the 4th Int'l Conf. on Foundations of Data Organization and Algorithms, FODO'93. Chicago：Springer - Verlag, 1993：69 - 84.

可间接地被建模成时间序列。随着时间推移，各个领域都积累了海量的时间序列数据。然而，在有些情况下，数据一旦被收集，通常仅仅将数据存储起来，从不进行分析和应用，结果导致了大量数据的浪费，使隐藏的信息数据规模不断地增大。另外，除了数据库规模巨大外，由于时间序列数据结构的特殊性，大部分传统的机器学习和数据挖掘算法对时间序列数据不起作用。因此，时间序列数据挖掘是一个具有重要理论和实用价值的研究课题，对长时间序列数据挖掘的研究具有很重要的实践意义。

长时间序列数据挖掘的实践意义主要表现在下面几点。

1. 长时间序列数据在人们工作生活中大量存在

随着数据获取技术和存储技术的高速发展，社会各行各业、各个领域中产生了大量的长时间序列数据。例如，在美国国家航空航天局（National Aeronautics and Space Administration，NASA）的 MISR 卫星操作中，每天就可获得 TB（兆兆字节）的时间序列数据；在无线电通信中，仅 AT&T（美国电话电报公司）每天就收到来自 1 亿个用户的大约 3 亿个通信记录；在美国，每秒钟大约会产生 5 万到 10 万个证券交易值；在气象预报方面，气象专家为了预报天气情况，每天必须对用卫星收集到的 3GB 个数据进行分析①。可见，长时间序列时间广泛存在于我们的生活中，与我们的生活息息相关。

2. 时间序列数据挖掘应受到国内信息管理学界同行的重视

最近几年来，国外相关研究人员在关于时间序列数据挖掘方面发表的文献量有增无减，截至 2010 年 10 月，EI 数据库中收录了近 800 篇有关时间序列数据挖掘方面的文献。在国内也有不少的研究人员参与了该

---

① WANG Z H. Time series matching: a multi – filter approach ［D］. New York, N J: New York University, 2006.

领域的研究。截至同一时间，中国期刊网和中国博硕士论文库中收录了近300篇有关时间序列数据挖掘方面的中文文献。粗略浏览一下所刊载的期刊发现，大部分都是计算机领域中的研究人员撰写的，并发表在计算机方面的期刊上，而发表在图书情报专业刊物上的文章只有寥寥数篇。时间序列数据挖掘不仅仅是计算机专业人员研究的问题，也应引起情报检索领域研究人员的高度重视。时间序列数据挖掘应当是信息检索与信息系统方向中非常活跃的一个研究方向，因而这也是本书作者知难而进、对其做深入研究的主要契机。

3. 长时间序列数据挖掘开始引起国外相关研究人员的重视

正当国内外的相关研究人员对时间序列数据挖掘研究进行得如火如荼的时候，已有研究人员发现现在的大部分时间序列数据挖掘方法通常只在某些特定环境下运用才有良好的效果，而在其他环境下则效果不佳，甚至根本不起作用。在时间序列数据挖掘的聚类任务上，传统的聚类方法主要出现了以下的不足。①传统的聚类算法对很长（维度很高）的时间序列很难处理，必须先进行复杂的维度简约处理（称为"降维"），这难免会增加聚类处理过程的时间复杂度，并会降低聚类的效率。②传统的聚类算法都是基于距离度量的（如欧几里得聚类），当时间序列是用时间点值作为输入时，那么对于有数值缺失的或不同长度的时间序列，传统的聚类方法将无法起作用。必须首先对时间序列进行补缺预处理，这同样会增加聚类的时间复杂度，降低聚类效率。③传统的时间序列数据聚类方法大部分是对基于形状的数据集进行处理，适合于短的时间序列数据集，那么对长时间序列数据集进行聚类效率会很低。④有的文献引入分割技术，先将长时间序列分割等长或不等长的若干个子序列，然后再用传统的方法对子序列集进行数据挖掘，但对长时间序列分段可能会破坏掉时间序列本身蕴含的关键信息，并且不适用于把一个时间序列作为一个数据点的时间序列集的数据挖掘。因此，国外已有部分研究人员开始将研究焦点放在了长时间序列的数据挖掘上①。

4. 填补国内时间序列数据挖掘领域中对长时间序列进行研究的空白

根据2010年最新查询资料研究发现，迄今为止国内虽然有不少科研人员参与了长时间序列的数据挖掘的研究，但没有文献对长时间系列和短时间序列进行界定，因此还没有科研人员和研究机构对长时间序列的数据挖掘进行专门的研究。无疑，本专著的研究将填补国内在时间序列数据挖掘领域中对长时间序列进行研究的空白，将为国内时间序列数据挖掘研究填充新的内容。

5. 提高信息发现和挖掘的效率，加速检索效率

传统的时间序列数据挖掘在处理长时间序列时，由于长时间序列维度很高，因此首先要对长时间序列进行维度简约和分段，然后用短时间序列数据挖掘的方法对其进行其他的过程。如果时间序列中出现数据的缺失，还要对时间序列进行数据补缺的预处理。这样就增加了挖掘的工作量和运行时间，并且在这些预处理中不可避免地存在着一定的误差。这些都降低了时间序列数据挖掘的效率。本著作的研究中所用的方法避免了上述的问题。

———————

① HIRANO S, TSUMOTO S. Mining similar temporal patterns in long time－series data and its application to medicine ［J］. IEEE, 2002（1）: 219－226.

第二节 国内外研究现状分析

一、国内外时间序列聚类研究综述

(一)国内外时间序列数据挖掘研究概况

由于时间序列数据的普遍存在性,时间序列数据挖掘的研究越来越受到人们的关注,时间序列数据挖掘已经成为数据挖掘领域的一个重要研究方向。关于时间序列数据挖掘研究最早出现的问题,上海大学的吴绍春博士和广东工业大学的王勇博士都认为:麦克尔·T. 罗森斯坦(Michael T. Rosenstein)等人[①]于 1998 年提出了从时间序列中发现概念(Concept)的方法,这可以说是时间序列数据挖掘研究的起步。但是,当前该研究领域普遍认为时间序列数据挖掘的两个主要内容是相似搜索和模式挖掘。而 1993 年阿格拉瓦尔等人首先发表了关于时间序列相似性搜索的研究论文。因此对于时间序列数据挖掘的研究最早应该始于1993 年。1999 年,美国马奎特(Marqueette)大学的理查德·J. 波维内利(Richard J. Povinelli)依据 Takens 理论在其博士论文中首次提出了一种基于时间序列的数据挖掘的框架[②],他称之为"时间序列数据挖掘"(Time Series Data Mining,简称为 TSDM)。这种框架处理的对象可

---

① ROSENSTEIN M T, COHEN P R. Concepts from time series [C] //Proc. of the fifteenth national/tenth conference on Artificial intelligence/Innovative applications of artificial intelligence. Madison, Wisconsin, United States: the fifteenth national/tenth conference on Artificial intelligence/Innovative applications of artificial intelligence, 1998: 739 – 745.

② POVINELLI R. Identifying Temporal Pattern for Characterization and Prediction of Financial Time Series Event [C] //Proc. of TSDM2000. Lyon, France: International Workshop on Temporal, Spatial and Spatio – Temporal Data Mining, TSDM 2000, 2000.

以是一个或多个时间序列，通过挖掘所得到的模式，用来预测事件的发生。

时间序列数据挖掘研究经历了十几年的时间，世界各国有关的研究项目和研究人员不断增加。IBM 公司的阿拉格瓦尔和英国欧文（UN Irvine）的帕扎尼（Pazzani）研究小组是较早的研究者，并且持续开展相关的研究；加州大学河滨分校（UC Riverside）的 E. 基奥（E. Keogh）和伊利诺伊大学（UI Urbana – Champaign）的 J. 汉（J. Han）研究小组是目前时间序列数据挖掘界较为活跃的群体之一；美国的加州大学圣芭芭拉学校（UC Santa Barbara）、马里兰（Maryland）大学、马萨诸塞（Massachusetts）大学、南澳洲的富林德（Flinders）大学等也活跃着相应的研究小组；欧洲也有不少大学有 TSDM 研究小组，其中有代表性的当数英国阿伯丁大学（university of Aberdeen）的 J. 亨特（J. Hunter）教授领导的 TSDM 研究小组。国际著名的学术会议和期刊如 *GKDD*，VLDB，ICDE，ACM，SIGMOD 以及 IEEE Trans on knowledge and Data Engineering 等，他们每年都有不少关于 TSDM 的研究成果报道。

国内的研究起步相对较晚，大约从 1998 年开始有相关研究人员陆续发表相关的文献①。复旦大学、浙江大学、中国科技大学等组织了相关的研究小组。国外最近几年来关于时间序列数据挖掘方面发表的文献量有增无减，截至 2010 年 10 月，EI 数据库中收录了近 800 篇有关时间序列数据挖掘方面的文献。在国内也有不少的研究人员参与了该领域的研究。截至同一时间，中国期刊网和中国博硕士论文库中收录了近 300 篇有关时间序列数据挖掘方面的中文文献。图 1 – 1 为 1993 年至 2010 年每年 EI 库和中国期刊网及中国博硕士论文库中收录的有关时间序列

① 欧阳为民，蔡庆生. 数据库中的时态数据挖掘研究［J］. 计算机科学，1998，25（4）：60 – 63.

数据挖掘方面的文献数量的直方图。

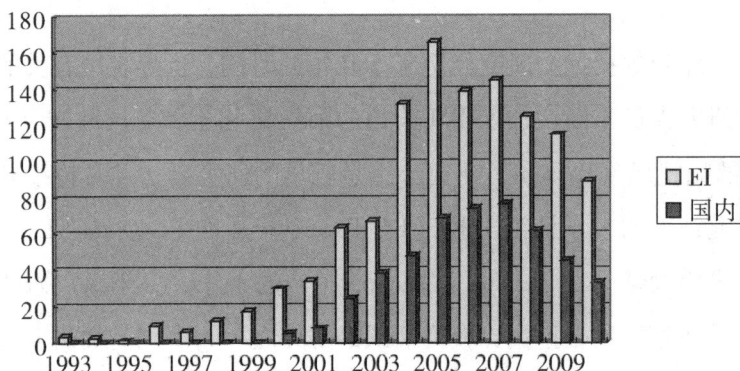

图 1 - 1 1993—2010 年 EI 库和中国期刊网及博硕士
论文库收录的有关 TSDM 文献数量

综合收集到的国内外有关时间序列数据挖掘的研究资料，可对时间序列数据挖掘的研究现状概括如下。

1. 按研究目的划分

按研究目的可分为相似性发现和特征值预测研究。时间序列数据相似性发现主要实现相似性搜索、时间序列管理规则及序列模式的发现、全局特征综合分类等任务。其中，相似性搜索是一类独立的挖掘技术，也是实现其他挖掘任务的基础。全局特征综合分类研究的是全局特征相似性描述的聚类和有监督的分类。本著作是利用股票价格时间序列的全序列特征，通过相似性技术，对一组股票价格时间序列进行聚类，从而为后续的预测研究提供有效的数据分析。

2. 按研究对象划分

按研究对象可以分为数值序列的数据挖掘、事件序列的数据挖掘和事务序列的数据挖掘①、数值序列，即传统意义上的时间序列，构成序列的元素（又称为"属性"）是数值型的，如股票的日收盘价和日开盘价、某航空公司每日的客流量、某地区每日的最高气温或最低气温等。事件序列是构成序列的元素为事件的序列，在天气预报中存在着大量的事件序列。例如，中国南海台风实例数据，就是中国南海发生的台风按发生时间先后顺序记录的结果，实质上就是一个台风事件序列。事务序列指构成序列的元素是事务型（Transactional）数据的序列，比如，网络购物中的购物篮（Basket Data）数据，对事务序列而言，一般都是一组这类序列的集合构成挖掘的对象。

3. 按研究的详细课题划分

按照研究的详细课题可分为数据预处理、时间序列数据表示、相似性查找、分类、聚类、异常检测、关联规则发现、序列模式发现、预测等。近几年来该领域的相关研究人员围绕这些课题进行了大量深入的研究。下面给出它们简单的介绍。

（1）数据预处理

数据预处理就是指对得到的原始数据进行一定的加工处理，使之能够为其他数据挖掘方法所用的过程。针对时间序列数据而言，就是在进行数据挖掘之前对原始时间序列数据进行去除噪声、填补缺失数值、归一化等操作。由于股票等时间序列中存在着大量的人为噪声，所以该过程是时间序列数据挖掘中非常重要的步骤。S. W. 史密斯（S. W. Smith）② 和 M. 詹森（M. Jansen）③ 分别提出采用数字过滤器和设置小

---

① 潘定，沈钧毅. 时态数据挖掘的相似性发现技术 [J]. 软件学报，2007，18（2）：246 – 258.

② SMITH S W. The Scientist and Engineer's Guide to Digital Signal Processing [M]. California：California Technical Publishing，1997.

③ JANSEN M. Noise Reduction by Wavelet Thresholding [M]. Berlin Heidelberg：Springer-Verlag，2001.

波阈值来去除原始时间序列中的噪声。对于时间序列的补缺可采用插值法来实现，例如对于少量的缺失值可用直线段来代替原有的数据，对于稍多一些的缺失值可用样条插值等算法来实验，再多的缺失值需要预测技术来实现。由于当今数据获取和存储技术已经相当成熟，股票价格时间序列的缺失情况几乎不存在，因此本书对此不做研究。归一化处理就是将数变为绝对值在（0，1）之间的小数，将有量纲的数规范为无量纲的数，从而能更快速地进行处理。进行归一化处理后，如果一个测量值接近 0 表示某个时间序列缺少某个特征，如果一个测量值接近 1，表示某个时间序列强烈地显示某个特征。针对股票价格时间序列的海量特点，为了更准确、快速地处理数据，本专著对股票价格时间序列的全序列特征进行了归一化。

（2）时间序列表示

在有些情况下，原始时间序列的表示方法不能有效、准确地对某一时间序列进行描述，为了更好、更简洁地表达出原始时间序列的主要特征和性质并有利于数据挖掘和时间序列聚类等一系列工作，常常采用一种新的表达方法对原始时间序列进行描述，这就是时间序列数据表示要完成的内容。例如，有些情况下研究人员会采取特征的形式来描述时间序列数据[1]。常见的时间序列数据表示分为如下几类：基于模型的方法（Model – Based Representation）、非数据适应法（Non – Data – adaptive Representation）、数据适应法（Data – adaptive Representation）以及数据控制法（Data – dictated Representation）等。本部分内容将在第三章中详细介绍。

---

① ZHAO J H, DONG Z Y , XU Z. Effective Feature Preprocessing for Time Series Forecasting ［M］. Berlin Heidelberg：Springer – Verlag ，2006：769 – 781.

（3）相似性查找

相似性查找也是时间序列数据挖掘任务的一个重要分支。相似性查找就是对于一个给定的时间序列 X，采用某种相似性度量算法（如欧几里得距离）在一个时间序列集中找到一个时间序列 X 距离最小的时间序列 X_q 称 X_q 与 X 最相似。迄今为止，国内外已有大量的相关研究人员对其进行了长期深入的研究，主要涉及查找的索引策略、查找的完备性以及相似性度量等三个方面的问题。

其中，衡量两个序列相似性的依据就是相似性度量，它是相似性查找的基础。已有的相似性度量算法可以分为基于形状的（Shape – based）相似度量、基于特征的（Feature – based）相似度量、基于模型的（Model – based）相似度量、基于数据压缩的（Compression – based）相似度量四类。其中，基于 Euclidean 的距离度量是基于形状的相似性度量的代表，这是最早出现的一种相似性度量的方法，也是最简单的度量方法。而基于特征的相似性度量则采用了 DFT 和 DWT，这两种方法是当前应用最广的方法，都是时频分析变换。DFT 适合处理平稳的时间序列，而 DWT 则擅长处理非平稳的时间序列。P. 史迈斯（P. Smyth）[1] 提出了一种通过对时间点加上偏向最近时间的权重，从而自动选取独立于数据的系数作为特征的方法。基于模型的相似性度量是对每一个时间序列建模，并用对某个序列所建模型生成另一序列的概率值来衡量这两个序列间的相似度。常用的模型有 HMM，AMRA 等。近年来对这些模型本身及使用方法的研究和改进也是一个重要的研究课题。文献[2]提供

① SMYTH P. Clustering sequences with Hidden Markov Models ［M］// MOZER M C, JORDAN M I, PETSCHE T, eds. Advances in Neural Information Processing Systems. Boston, Massachusetts：MIT Press, 1997：648.

② GAFFNEY S, SMYTH P. Curve clustering with random effects regression mixtures ［C］// BISHOP C M, FREY B J, eds. Proceedings of the 9th International Workshop on Artificial Intelligence and Statistics. Society for Artificial Intelligence and Statistics, 2003.

了一种将形状和模型相结合的方法。V. 麦加卢克诺莫（V. Megalooikonomou）① 则描述了一种将形状和特征相结合的相似度度量方法。这些混合模型的方法在某些应用中会收到意想不到的效果。基于压缩的时间序列数据相似度度量来自生物信息学和计算理论研究的一些结果，是一个较新的想法。

（4）分类

分类就是根据某个训练好的模型给数据选择某种已知类型标记的过程。在模式识别、机器学习、数据挖掘等领域中，对分类问题的研究一直很活跃。按照处理的对象不同，时间序列的分类问题有两种，一种是对整个时间序列的分类问题，由一组时间序列训练一个分类器来标注新的时间序列，其中每个序列只有单独的一个标记。文献②中就提到了一种决策树算法。C. A. 瑞塔那马哈塔纳和 E. 基奥（C. A. Ratanamahatana & E. Keogh）③ 提出，一个完整的时间序列可能比抽取出来的特征更具有价值，由这种思想出发，采用整个序列作为独立节点进行训练的 k 近邻分类器在一些数据集上也取得了不错的效果。另一种分类问题是对时间序列中的时间点进行分类，训练集合中每一个时间序列的每一个时间

---

① MEGALOOIKONOMOU V, LI G, WANG Q. A dimensionality reduction technique for efficient similarity analysis of time – series databases ［C］// GROSSMAN D, GRAVANO L, ZHAI C, et al. Proceedings of the 13th International Conference on Information and Knowledge Management（CIKM 04）. Washington, DC, USA NY：ACM Press, 2004：160 – 161.

② YAMADA Y , SUZUKI E. Decision – tree induction from time – series data based on a standard example split test ［C］// FAWCETT T, MISHRA N, eds. Proceedings of the 20th International Conference on Machine Learning（ICML 03）. Morgan Kaufmann：ICML, 2003, 2003：840 – 847.

③ RATANAMAHATANA C A, KEOGH E. Making time – series classification more accurate using learned constraints ［C］// BERRY M W, DAYAL U, KAMATH C, et al. Proceedings of the 4th SIAM International Conference on Data Mining（SDM 04）. Orlando, Florida, USA：SIAM, 2004：11 – 12.

点都做一个标记，训练成的分类器会对新的序列数据中的每一个时间点进行分类。对于这一类，常见的分类模型有：隐马尔可夫模型、条件随机场模型、最大熵马尔可夫模型等。克托夫雷和斯托菲尔（Cotofrei & Stoffel）① 提出了一种基于一阶逻辑的分类模型，将时间序列用等频直方图来离散化，再通过差分或分割获得每个时间点的特征向量用以进行分类器训练。训练时，通过滑动窗口来保持数据的时间顺序。

（5）聚类

对序列进行聚类的目的是找出具有相似演化方式的序列类，其中心问题是：确定序列类数并初始化参数；确定序列之间有意义的相似度量。聚类是本专著的研究重点，本书将在第六章提出聚类的改进算法。

（6）异常检测

所谓异常检测就是找出大量数据中少数与其他数据不相符的部分，在应用中经常涉及错误检测或入侵检测等方面。异常检测最大的特点就是需要被识别的时间序列是较少发生的。魏斯（G. M. Weiss）② 对类似异常检测这样的工作及工作中的难题做了一个很好的介绍。萨尔沃德（S. Salvador）等人③介绍了一种基于状态的方法，通过对时间序列进行时间点聚类得到一个近似的分割，然后基于这些分割和分割之间的关联建立一个包含异常状态的有穷状态自动机。再通过这个自动机来识

① COTOFREI P, STOFIEL K. First – order logic based formalism for temporal data mining [C] // LIN T, OHSUGA S, LIAU C J, et al. Foundations of Data Mining and Knowledge Discovery. Berlin：Springer, 2005：193 – 218.

② WEISS G M. Mining with rarity：A unifying framework [J]. ACM SIGKDD Explorations Newsletter, 2004, 6（1）：7 – 19.

③ SALVADOR S, CHAN P, BRODIE J. Learning states and rules for time – series anomaly detection [C] // BARR V, MARKOV Z, eds. Proceedings of 17th International Florida AI Research Society Conference（FLAIRS04）. San Jose, California：AAAI Press, 2004.

别异常。文献①将时间序列位图用于一种简单的无监督异常检测算法中，其中用两个窗口的位图之间的欧几里得距离作为异常值。文献②给出了一种基于支持向量衰减（Support Vector Regression）的新的在线检测框架。

（7）关联规则发现

关联规则发现的对象是交易序列，就是从交易数据集（如超市的购物记录）中找出相似的交易关联规则，所以它的处理对象通常是事件序列。奥兹登（Özden B.）等人③提出了两种循环关联规则发现算法：一种是先用 Apriori 类算法产生传统关联规则，再找出规则中蕴含的循环关系；另一种是先找出循环的大项集再生成关联关系，该算法更为有效。瑞斯福德（Rainsford）等人④给出了一个基于点和间隔时间模型的时态关联规则学习过程。在关联规则与时间间隔的约束关系中发现规则有效周期是重要的，陈（Chen）等人⑤已相应地提出发现规则持续有效时间和周期性的算法。

① WEI L, KUMAR N, LOLLA V, et al. Assumption – free anomaly detection in time series ［C］//Frew J. Proceedings of the 17th International Conference on Scientific and Statistical Database Management（SSDBM '05）. Berkeley, United States：the 17th International Conference on Scientific and Statistical Database Management , 2005：237 – 242.

② MA J, PERKINS S. Online novelty detection on temporal sequences ［C］//Getoor L, Senator T E, Domingos P, et al. Proceedings of the 9th ACM SIGKDD International Conference on Knowledge Discovery and Data Mining（KDD03）. New York, NY：ACM Press, 2003：613 – 618.

③ ÖZDEN B, RAMASWAMY S, SILBERSCHATZ A. Cyclic association rules ［C］// Sipple R S. Proc. of the 14th Int'l Conf. on Data Engineering, ICDE' 98. Orlando：IEEE Computer Society, 1998：412 – 421.

④ RAINSFORD C P, RODDICK J F. Adding temporal semantics to association rules ［C］// Zytkow J M, Rauch J. Proc. of the 3rd European Conf. on Principles of Data Mining and Knowledge Discovery, PKDD' 99. Prague：Springer – Verlag, 1999：504 – 509.

⑤ CHEN X, PETROUNIAS I. Mining temporal features in association rules ［C］//ZYTKOW J M, RAUCH J. Proc. of the 3rd European Conf. on Principles of Data Mining and Knowledge Discovery, PKDD' 99. Prague：Springer – Verlag, 1999：295 – 300.

（8）序列模式挖掘

序列模式挖掘最早是由 R. Agrawal① 提出的，如果考虑发生交易的先后顺序，传统关联规则挖掘可以扩充为序列模式挖掘，同关联规则挖掘一样，序列模式挖掘的对象也是交易序列。可以这样认为，如果说关联规则描述的是一次购物中所购买的所有物品之间的关联关系，那么序列模式就是描述某位顾客在多次购物中所购买的所有物品之间的关联关系。序列模式挖掘算法可分为三类：基于 Apriori 的水平格式方法，如 GSP（generalized sequential patterns）算法；基于 Apriori 的垂直格式方法，如 SPADE（sequential pattern discovery using equivalence classes）算法；基于投影的模式生长方法，如 PrefixSpan 算法。阿伯拉瓦尔在 Apriori 算法的基础上也提出了三个序列模式的发现算法②：AprioriAll、AprioriSome 和 DynamicSome。基于 Apriori 思路，在满足最小支持度的序列中发现最长序列。最长的频繁序列代表一个序列模式，满足最小支持度的序列称为大序列。AprioriAll 算法对所有候选序列计数，然后修剪非最大序列；AprioriSome 和 DynamicSome 算法只关注最大序列，采用先计算更长序列计数的方法，试图避免对那些包含在更长序列中的大序列计数。

（二）国内外时间序列数据的聚类研究现状

聚类分析是一个重要的人类行为。日常生活中，人们都会通过不断改进下意识中的聚类模式来对各种事务或情况进行分类。譬如，幼儿园的小朋友通过自身的学习和判断可以以不同的标准对人进行分类——老人还是孩子？男人还是女人？目前，聚类分析已经广泛地应用于各个领

① AGRAWAL R，SRIKANT R. Mining Sequential Patterns ［C］//Proc. of 95 Int1 Conf Data Engineering. Taibei：95 Int1 Conf Data Engineering，1995.

② AGRAWAL R，SRIKANT R. Fast Algorithm for Mining Association Rule in Large Databases ［C］//Proceedings of the 20th International Conference on Very Large Data Bases. San Francisco：Morgan Kaufmann Publishers Inc.，1994：487 – 499.

域，譬如数据分析、模式识别、图像处理等，它是数据挖掘技术的一个重要的分支。随着大量时间序列数据的产生，针对时间序列的数据挖掘成为一个新兴的研究领域，显而易见，时间序列数据的聚类分析也引起了国内外相关研究人员的高度关注。对时间序列数据进行聚类分析，可以获得时间序列不同的变化模式及其分布，是一种非常重要的时间序列数据处理手段，尤其是在高维的、多重复杂相关的、富有噪声的条件下，研究时间序列数据聚类挖掘算法就成了研究的热点。

聚类分析的技术主要集中在对研究对象之间相似性的度量（距离度量）。由于时间序列一般为高维数据，数据量大，容易出现"维度灾难"，所以在对时间序列进行聚类时，要对这些时间序列定义它们之间的距离度量非常困难，如果将用于普通数据的聚类算法直接应用于时间序列聚类将会大大增加计算时间和成本，降低聚类的效率。主要因为：①由于各个时间序列数据的长度不同，因此，Euclid 距离、Maha - lanobis 距离和 Hamming 距离等一些常用的距离度量对其无法直接使用；②根据聚类的要求，所定义的距离度量必须反映出各个时间序列在动态特征上的差异程度，将传统的聚类算法直接用于时间序列数据很难达到上述要求。因此在国内外研究人员的研究中，都将时间序列聚类的研究重点放在时间序列的表示、相似性度量和选择聚类算法上。

由于时间序列的数据量非常大，同时对于不同领域的时间序列又很难定义合适的相似性测量公式，因此使用一般通用的数据挖掘工具对时间序列进行聚类很难奏效。为了能更好、更简洁地表达出时间序列原来的实值序列的主要特征和性质，并提高其聚类的精度和效率，对时间序列采用更有效的描述和表示方法将是提高计算效率的有效方法之一。目前已有多种时间序列数据表示方法，常见的主要有基于模型的方法（Model - Based Representation）、非数据适应法（Non - Data - adaptive Representation）、数据适应法（Data - adaptive Representation）以及数据控制法（Data – dictated Representation）等几类。陈（Chan）等人①提出了 Haar 小波变换方法，其中 Haar 小波是小波中的一种。拉斯特（Last）等人②提出通过关键特征（如斜率和信噪比）对原始序列进行重新表征，古拉林克（Guralnik）等人③为了实现对序列成功压缩，使用了一个字符表来处理序列，得到了较高的压缩比，由于该方法不能对序列进行准确的描述，因此没有应用到其他领域。Korn 等人④提出了单值分解（SVD, Singular Value Decomposition）法是一种完全不同的方法，它采用 KL 分解的技术来实现时间序列数据的降维处理，但其计算量相当大，而且该方法依赖于数据本身，因此数据动态变化后需要重新计算。法鲁索（Faloutsos）等人⑤提出了分段线性表示（PLA, Piece-wise Linear Approximation），该方法首先将时间序列分段，然后利用线性拟合函数进行近似表示。但是这种方法对长度为 n 的时间序列完成 N 段最优的分段拟合需要 O（n2N）的时间复杂度，因此计算复杂性较高。基奥（Keogh）等人先后提出了分段累积近似法（PAA, Piecewise

① CHAN F K, FU A W, YU C. Haar wavelets for efficient similarity search of time – series: with and without time warping. Knowledge and Data Engineering［J］. IEEE Transactions on Knowledge and Data Engineering, 2003, 15（3）: 686 – 705.

② LAST M, KLEIN Y, KANDEL A. Knowledge Discovery in Time Series Databases［J］. IEEE Transactions on Systems, Man and Cybernetics, 2001, 31（1）: 160 – 169.

③ GURALNIK V, WIJESEKERA D, SRIVASTAVA J. Pattern – directed mining of sequence data［C］//Proceedings of the 4th International Conference on Knowledge Discovery and Data Mining. Berlin: Springer – Verlag, 1998: 51 – 57.

④ KORN F, JAGADISH H V, FALOUTSOS C. Efficiently supporting ad hoc queries in large datasets of time Sequences［C］//Proceedings of the 1997 ACM SIGMOD International Conference on Management of Data. New York, NY: The 1997 ACM SIGMOD International Conference on Management of Data, 1997: 289 – 300.

⑤ FALOUTSOS C, RANGANATHAN M., MANOLOPOULOS Y. Fast subsequence matching in time – series databases［C］//Proc. of the 1994 ACM SIGMOD Conference, Mineapolis: the 1994 ACM SIGMOD International Conference, 1994: 419 – 429.

Aggregate Approximation）① 和适应性分段常数近似法（APCA，Adaptive Piecewise Constant Approximation）②。考虑到时间序列的时间特性中不同区段的影响，王元珍等人③提出了一种改进表示 RPAA（Reversed Piecewise Aggregate Approximation），RPAA 表示对处于不同时间段的序列赋以不同的影响因子，具有线性时间复杂度。杰西卡·林（Jessica Lin）等人④基于 PAA 方法提出了一种新的时间序列符号表示法，该方法不仅能进行维度约简，而且可以缩小距离度量的范围。乔治斯·希布赖尔（Georges Hebrail）等⑤则提出一种长时间序列的数据表示方法。库玛（Kumar）等人⑥提出了时间序列位图的理论，将一个时间序列压缩成一个位图。彭尔格（Perng）等人⑦提出了界标模型（Landmark Model）。

关于国内外对相似性度量的研究现状可参看"国内外时间序列数

① KEOGH E, PAZZANI M. A simple dimensionality reduction technique for fast similarity search in large time series databases［C］//Proceedings of the 4th Pacific – Asia Conference on Knowledge Discovery and Data Mining（PAKDD），Kyoto，Japan：4th Pacific – Asia Conference on Knowledege Discovery and Data Mining（PAKDD），2000：122 – 133.

② KEOGH E, CHAKRABARTI K, MEHROTRA S, et al. Locally adaptive dimensionality reduction for indexing large time series databases［J］. ACM Transactions on Database Systems，2002，27（2）：188 – 228.

③ 王元珍，李俊奎，曹忠升. RPAA：一种基于时间特性的时间序列建模表示［J］. 计算机科学，2007，34（3）：83 – 86.

④ LIN J, KEOGH E, WEI L, et al. Experiencing SAX：a novel symbolic representation of time series［J］. Data Mining & Knowledge Discovery，2007（15）：107 – 144.

⑤ HEBRAIL G, HUGUENEY B. A Symbolic representation of long time series［C］//Proc. of Applied Stochastic Models and Data Analysis Conference（ASMDA'2001）. Paris：ASMDA'2001，2001.

⑥ KUMAR V, KEOGH E, LONARDI S, et al. Time – series bitmaps：a practical visualization tool for working with large time series databases［C］// KARGUPTA H, SRIVASTAVA J, KAMATH C, et al. Proceedings of the 5th SIAM International Conference on Data Mining（SDM05）. SIAM，2005：531 – 535.

⑦ PERNG C S, WANG H, ZHANG S, et al. Landmarks：A new model for similarity – based pattern querying in time series databases［C］//Proceedings of 16th International Conference on Data Engineering. San Diego，CA，USA：IEEE，2000：33 – 42.

据挖掘研究概况"一节。时间序列聚类算法将在后续章节中详细论述。

二、金融时间序列聚类研究

金融市场是一个由自然、心理、社会、经济、政治等众多因素作用的复杂系统。随着布雷顿森林体系的崩溃及经济全球化的发展，世界经济和金融环境剧烈动荡，个人、企业以及金融机构投资风险空前加大，全球性的金融危机不断爆发，例如 1994 年年底爆发的墨西哥金融危机，1997 年发生的亚洲金融危机，2002 年的拉美金融危机，以及 2008 年和 2010 年的世界金融危机。这些金融波动无不伴随着汇率动荡、股市暴跌、公司破产、货币贬值、银行倒闭等现象。人们迫切需要了解经济及金融波动的原因及规律性，正是在这一深刻的社会经济大变革的背景下，现代金融时间序列分析应运而生。

金融时间序列指各种不同金融产品的时间序列，如股票、基金、汇率价格等，取相同时间段的多种金融时间序列可以构成多元金融时间序列。金融时间序列分析就是以金融时间序列为研究对象，描述其变化，刻画其统计属性，揭示蕴含在金融数据背后的金融市场变动规律和发展趋势，以达到防范和规避金融风险的目的。

金融时间序列分析以金融时间序列建模作为其主要的研究方法，最常用的是最小二乘法，股价的预测、有效市场的检验、投资组合模型如 CAPM 和 APT 检验，一般都是利用的最小二乘法；新兴的金融时间序列分析方法则估计金融价格、报酬的协方差和方差，这样的模型就是恩格尔（Engle，1982）提出的 ARCH 模型、博莱尔斯莱夫（Bollerslev，1986）提出的 GARCH 模型、哈维（Harvey）等（1994）提出的 SV 模型、恩格尔和克罗内尔（Kroner）（1995）等提出的多元 GARCH 模型；汉森（Hansen，1994）提出了估计密度函数的时变高矩阵；恩格尔和曼加内利（Engle & Manganelli，1999）提出了条件自回归分位数定式，称为条件自回归 VaR（CVaR）；埃布雷希茨（Embrechts）等（1997），以及麦克尼尔和弗雷（McNiel & Frey，2000）利用极值理论估计分布的尾部等。20 世纪 90 年代，开始进行高频及超高频数据的金融计量分析。

聚类是一种重要的数据挖掘方法，即将数据划分成有意义的多个类，使得每个类中的数据尽可能相似，而不同类中的数据具有明显的差别。金融时间序列的聚类可以为建立相关数据模型提供重要的依据。早期的研究人员将静态数据聚类的方法应用到时间序列聚类上，比如基于划分、层次、模型、网格、密度等聚类方法。由于金融时间序列具有周期性、随机性、趋势性等特性，研究人员又提出了适合其特性的聚类方法，大体上可以分为三类：基于原始数据的方法；基于模型的方法；基于特征提取的方法。由于金融交易数据普遍存在信噪比低、非线性、非平稳、非正态的特点，因此直接利用原始数据进行聚类往往效果不好，所以目前学者们研究的重点是后两种方法。基于模型的方法和基于特征提取的方法都是通过一定的方式将原始时间序列转化为静态的特征或者模型参数，然后用传统的静态数据的聚类方法进行聚类。

基于模型的方法认为相似的时间序列应该产生于相似的模型，所以通过比较模型之间的相似性可以达到时间序列聚类的目的。目前常用的模型有 ARMA 模型、马尔科夫链（Markov Chain，MC）模型、隐马尔科夫（Hidden Markov Model，HMM）模型等。模型方法对于时间序列数据进行去噪和降维是一种最有效的方法，其缺点是存在两个困难的因素：模型选择和参数确定。卡尔帕金斯（Kalpakis）[1] 将时间序列 ARI-

---

① KALPAKIS K，GADA D，Puttagunta V. Distance measure for effective clustering of ARIMA Time series ［C］//Proc. of the 2001 IEEE International Conference on Data Mining. San Jose，CA：the 2001 IEEE International Conference on Data Mining，2001：273 - 280.

MA 模型应用于时间序列建模，提出了一种基于 ARIMA 模型的时间序列相似性度量和聚类算法，通过对模型的系数进行编码，使用欧氏距离来判定两个时间序列之间的相似度并进行聚类。熊（Xiong）① 在此基础上对方法和技术进行了改进，使用多个 ARMA 模型对同一个时间序列进行建模，以便更好地对数据的各项特征进行描述。实验证明，该方法聚类的准确性比卡尔帕金斯提出的方法的准确性更高。方（Fung）② 将文本挖掘技术应用到时间序列趋势分析中，并对金融市场中股票价格趋势变动与各种金融信息的关系进行了分析，从而通过分析相关的金融和经济新闻来预测股票价格走势的变动规律。拜和林（Pai & Lin）③ 则把支持向量机和 ARIMA 模型相结合用于股票价格预测。

　　基于特征提取的聚类主要应用于高维时间序列，特别是高频金融时间序列，经过特征提取后可以有效降维。迄今为止，对基于特征提取的聚类方法的研究主要集中在两个方面。第一个是基于分形的聚类算法。股票价格时间序列在形成过程中受到各种不同的非线性因素影响，因此其必然呈现出各种各样的特征。由于多重分形谱的宽度、形状、幅度、极值、极值点的位置和幅度等特征表征了时间序列的各种丰富的信息，而对于多重分形谱适合于处理金融时间序列等复杂对象的聚类处理。因此，近年来基于分形的聚类算法逐渐成为一个研究热点，并被广泛用于金融资产价格预测、投资组合以及风险分析等多个领域。对于该算法的

① XIONG Y M, YEUNG D Y. Mixtures of ARMA Models for Model – Based Time Series Clustering ［C］//Proc. Of the 2002 IEEE International Conference on Data Mining. Mae-bashi City, Japan: the 2002 IEEE International Conference on Data Mining, 2002: 717 – 720.

② FUNG P C, YU J X, LAM W. News Sensitive Stock Trend Prediction ［C］// Proc. Of PAKDD. Taipei: PAKDD, 2002: 481 – 493.

③ PAI P G, LIN C S. A hybrid ARIMA and support vector machines model in stock price forecasting ［J］. Omega, 2005, 33（6）: 497 – 505.

研究已经有十几年的历史了，因此相关的文献要多一些，稍后将对其进行全面的介绍。第二个是基于全局特征的聚类算法，它是最近几年刚刚提出来的一种新的概念。其核心思想是针对时间序列的数学特性，对时间序列进行特征提取，用提取的特征项对时间序列进行重新描述，然后对重新描述得到的时间序列聚类。由于和原始时间序列的序列点的点数（原始时间序列的长度）相比，每个时间的特征项非常少（重新描述后的时间序列的长度），这样就达到降维的目的。王（Wang）等[1]提取了趋势、季节性、周期、序列相关性、非线性、自相似性、混沌性、偏斜、峰度 9 个时间序列特征，并对由这 9 个特征重新描述的时间序列用 SOM 神经网络算法进行聚类。管河山等人[2]在该方法的基础上，提出趋势、周期、自相关系数、逆自相关系数、偏相关系数、混沌性、偏度、峰度和时间序列从时间域向频谱域转换变换后的截尾系数（前两阶）等 12 个特征，并用这些特征建立模型进行聚类。

对于基于分形的聚类算法的研究起步较早。巴巴拉（Barbara）等人[3]提出了一种基于数据分形维数的 FC（Fractal Clustering）聚类算法，该算法基于同一类中的数据应该具有较强的自相似性而不同类中的数据的自相似性则较弱的指导思想。阿波拉豪（Abrahao）等人[4]在研究用户的 Web 访问模式时，使用上述的 FC 算法对序列进行了聚类研

[1] WANG X Z, SMITH K, HYNDMAN R. Characteristic – Based Clustering for Time Series Data [J]. Data Mining and Knowledge Discovery, 2006 (13): 335 – 364.

[2] 管河山，姜青山. 时间序列挖掘中一种新的相似性度量 [J]. 计算机工程与应用，2007 (26): 152 – 155.

[3] BARBARA D, CHEN P. Using the fractal dimension to cluster datasets [C] //Proceedings of the sixth ACM SIGKDD international conference on Knowledge discovery and data mining. New York, NY: The sixth ACM SIGKDD international conference on Knowledge discovery and data mining, 2000: 260 – 264.

[4] ABRAHAO B, BARBARA D, ALMEIDA V, RIBEIRO F. Fractal characterization of web work loads [C] //WWW 2002 Conference, Web2 Engineering Track. Honolulu, Hawaii: WWW 2002 Conference, 2002.

究。股票价格时间序列一般都含有长期趋势项或季节趋势项，通常会对多重分形谱的宽度和形状、分形的维数等产生影响，因此，如果直接通过分形维对原始时间序列进行相似性聚类势必会产生较大误差。莫兹（Muzy）等人于 1990 年提出了 WTMM 方法（wavelet transform modulus maxima），采用此方法对连续时间序列进行处理可以消除其长期趋势对时间序列的多重分形产生的影响。针对股票价格时间序列存在突变点的情况，曼尼马拉（Manimaran）等[1]采用小波分解与重构方法对时间序列进行处理，得到了较好的效果。

近年来，国内学者也对金融时间序列的多重分形特征及其应用进行了研究，并已经证明金融时间序列，特别是股票价格时间序列具有多重分形特点。黄超等人[2]提出了基于方差波动的多个分形维的金融时间序列聚类方法，使用序列的多重分形特征参量以及不同的概率函数进行聚类，并通过上海证券市场进行实证研究，实践表明该方法是灵活有效的。钟维年等人[3]利用小波分解与重构的方法来消除股票价格序列的长期趋势项，然后采用多重分形谱用于股票价格波动特征的聚类，将其应用于上海股票市场价格时间序列的波动特征分析，证明聚类指标能反映股票价格波动的频度特征，对于建立股票价格的波动模型，实现股票资产价格的风险管理具有应用价值。朱冲等[4]通过对金融数据按地点划分，通过平滑、聚类处理，发现同类别金融序列内存在的频繁模式，得

---

[1]　MANIMARAN, PANIGRAHI P K, PARIKH J C. Wavelet analysis and scaling properties of time series [J]. Phys. Rev., 2005 (4)：12 – 16.

[2]　黄超，等. 基于方差波动多重分形特征的金融时间序列聚类 [J]. 系统工程，2006，24 (6)：100 – 103.

[3]　钟维年，高清维，陈燕玲. 基于小波和多重分形的金融时间序列聚类 [J]. 系统工程，2009 (3)：58 – 61.

[4]　朱冲，朱贤贵，张向利. 金融时间序列挖掘综合模型 [J]. 计算机系统应用，2009 (2)：46 – 48.

到一个基于同类别多条金融时间序列的复合挖掘模型，并通过实践证明，该金融时间序列数据挖掘模型能有效地指导用户的市场行为，辅助用户进行金融产品的买卖和决策。

三、时间序列聚类的特点

时间序列数据是一种特殊的数据，由于其本身所具有的一些特点，所以通用的聚类方法不能完全适用于此类数据的聚类。对于聚类分析来说，时间序列具有以下的特点。

①时间序列的高维性。时间序列数据是一种高维数据。在聚类分析中，通常将每个对象作为多维空间中的一个点，此处的一个对象就是指一个时间序列；每个对象的属性值作为某一维的值，属性值的个数就是时间序列的维度。由于时间序列通常都包含大量的属性值，所以时间序列的维数已经远远大于传统聚类分析方法所能处理的维数，传统的聚类方法已经不能胜任该类时间序列的聚类。

②维的不确定性。在现实生活中，由于数据的获取手段和取样标准不一样，那么获得的时间序列数据的维度常常不同。而采用最常用的DTW方法计算时间序列的相似性时，某一序列与其他序列之间映射路径的长度往往是不确定的，这种情况下，如果将该序列看成多维空间中的一个点就会导致维的不确定。

③时间序列结构复杂。时间序列源于实际生活中的各个领域，不同序列之间或者相同序列的各个维度之间的采样方法和测量标准都不尽相同。并且由于受到各种因素的影响，时间序列在多维空间中存在着各种变形，比如幅度上的平移、各维度上的伸缩与扭曲等。

第三节 几个相关概念

一、时间序列

时间序列是一种非常重要的高维数据类型，它是按时间顺序取得的一系列的观测值。它是一个有序结构，是按照时间先后顺序记录下的一种或多种数据，分别称为单变量时间序列和多变量时间序列。时间序列的应用日益广泛，在自然科学、社会经济等领域非常常见，如每天的证券各种指数、某地区每天的气温变化、某台车床车出的零件的误差、某个病人某段时间的脑电图数据等。本著作研究的是股票日收盘价构成的时间序列，是一种单变量时间序列，因此现在仅仅给出单变量时间序列的数学描述为：

$$X_t = (x_{t-n}, x_{t-(n-1)}, \cdots, x_{t-1}) \qquad (1-1)$$

其中，x_{t-n} 表示时间 t 前面第 n 个时间单元对应的序列数值。式（$1-1$）通常简单记为 $\{x_t\}$，$t = 1, 2, \cdots, n$。

早在 7000 年前，古埃及人把尼罗河涨落的情况逐天记录下来，就构成了所谓的时间序列。当时人们对这个时间序列进行长期观察，发现尼罗河的涨落非常有规律。对时间序列进行观察和研究，从而找寻它变化发展的规律、预测它将来的走势就是时间序列分析。

本著作中的时间序列就是按时间的先后顺序排列起来的一系列观测记录或历史事件。时间序列不仅能直观地记录下这些观测值或历史事件，更重要的是它能保存好蕴藏在其中的一些重要的信息和规律。随着数据获取及存储技术的不断完善，时间序列数据库也越来越大，因此，如何对这些海量数据进行分析处理，挖掘其背后蕴藏的有价值信息，成为时间序列数据挖掘研究人员关注的热点。另外，通过对时间序列的挖掘，可以找到事物发展的内部规律，从而发现不同事物之间的相互关系，从而为人们正确认识事物、做出科学决策提供有力的理论依据，因此时间序列挖掘又具有一定的现实意义。股票价格时间序列是一种非常典型的时间序列，对其进行挖掘研究对于股票投资来说很有价值。如在股票价格时间序列中常常存在着一些特殊的波形，如头肩顶、头肩底、双肩、双底等，它们中一般蕴含着股票价格的发展趋势，因此将这些波形进行聚类将有助于股票分析，为股票投资者的决策提供依据。

二、长时间序列与短时间序列的区分与界定

人们对时间序列的研究由来已久，尤其从 20 世纪 90 年代以来，信息技术迅猛发展、各国经济文化突飞猛进，大量的时间序列，尤其是数据点较多的时间序列大量涌现并且被很成功地存储下来，国内外有更多的科研人员参与了时间序列数据的分析和挖掘研究中。在海量的时间序列中，既有几十个数据甚至几个数据的较短的时间序列，又有大量包含上万甚至上亿个数据的很长的时间序列。对不同长度的时间序列的研究方法也应该是不同的。为了区分这两类时间序列，方便对其进行研究，本书对它们进行了区分和界定。

（一）时间序列长度（Length of Time Serie）

时间序列长度指的是一个时间序列中所包含的属性的个数或者数据点数。通常把时间序列长度称为时间序列的维度。对于有限长时间序列 $\{x_t\}$，$t = 1, 2, \cdots, n$，$\{x_t\}$ 的长度为组成 $\{x_t\}$ 的实数个数，此处时间序列的长度或维度为 n。对于无限长时间序列，$\{x_t\}$ 的长度定义为 ∞。高维的时间序列就是指一个时间序列中包含的数据点数很多。本著作研究的股票价格长时间序列就是高维时间序列。

（二）长时间序列（long time series）和短时间序列（short time series）

时间序列的长短是指观测数目的多少或者说是时间序列长度的长短，而不是指时间跨度的大小。对于多长的时间序列为长时间序列或者短时间序列并没有明确的定义。部分文献①②的研究对象是短时间序列，其获取的都是长度小于 100 的时间序列；电子商务、电子政务、网络游戏、公共管理等领域中都存在着大量的短时间序列数据。短时间序列数据的主要特点是单条时间序列很短，也就是它的维度很小，这样很难用已有的时间序列数据挖掘算法对其进行聚类。骆科东对两种短时间序列数据类型进行了分析，并根据数据特点和应用需求提出了适合短时间序列的有效挖掘算法。有的文献③对长时间序列进行了简单的说明，认为长时间序列是长度不小于 10 的序列；有的文献④⑤中所研究的长时间序列都是指具有上百个观测点的序列；而有的文献⑥则研究的是长度为 60 的长时间序列。鉴于以上文献对其中提到的长时间序列的描述，又因为随着数据获取和存储技术的高速发展，包含上万甚至上亿个数据的很长的时间序列大量涌现，本著作定义长度大于 500 的时间序列为长时间序列。

随着数据获取技术和存储技术的高速发展，社会各行各业、各个领

---

① 骆科东. 短时间序列挖掘方法研究 [D]. 北京：清华大学，2004.

② 关宏强，蔡福，王阳，等. 短时间序列气温要素空间插值方法精度的比较研究 [J]. 气象与环境学报，2007（5）：13 – 16.

③ 何海江. 带时延的长时间序列线性相关挖掘研究 [J]. 计算机工程与应用，2006（16）：180 – 183.

④ CHAU T, PARKER K. On the Robustness of Stride Frequency Estimation [J]. IEEE Transactions on Biomedical Engineering, 2004, 51 (2): 294 – 303.

⑤ VIZQUEZ E. BARRADO O A, PLEITE J. Analysis of long time series of environmental electromagnetic field [J]. Electronics Letters, 2003, 39 (1): 125 – 127.

⑥ RADZIEJEWSKI M, KUNDZEWIC Z, GRACZYK D. Detectability of trends in long time series of river flow data – a run – up effect [C] //Proceedings of 5th International Conference on Hydro – Science and Engineering (ICHE – 2002). ICHE – 2002, 2002.

域中生产了大量的长时间序列数据。例如，在美国国家航空航天局（National Aeronautics and Space Administration，NASA）的 MISR 卫星操作中，每天就可获得 TB（兆兆字节）的时间序列数据；在无线电通信中，仅 AT&T（美国电话电报公司）每天就收到来自一亿个用户的大约 3 亿个通信记录；在美国，每秒钟大约会产生 5 万到 10 万个证券交易值[①]；在气象预报方面，气象专家为了预报天气情况，每天必须用卫星收集到的 3GB 个数据进行分析[②]。可见，长时间序列时间广泛存在于人们的生活中，与人们的生活息息相关。

三、以往长时间序列聚类存在的不足

长时间序列数据具有下面的两个特征。首先，时间序列的长度和采样间隔不是保持不变的，获取时间的起点可能是几年前或是几十年前，如果对时间序列进行缩减可能会引起以前信息的丢失；其次，长时间序列包含了长期事件和短期事件，它们的长度和相位都不同，而且，由于长时间后人们获取数据的策略可能有所改变，因此采样间隔会有所改变。这样相对短时间序列而言，对长时间序列数据进行数据挖掘将更复杂，国外已经有不少的科研人员参与了长时间序列数据的挖掘研究中。

聚类分析是把一组物理或抽象对象按照相似性归为各类，也称为"无指导分类"。它是将整个目标数据分成多个不同的类，使得每个类内的数据尽可能相似，而不同类中的数据具有明显的差别。对于证券投资而言，聚类分析是一种行之有效的指导方法。运用聚类分析模型能帮助投资者正确地理解和把握股票的总体特征，确定投资范围，并通过类

---

① ZHAO X J. High performance algorithms for multiple streaming time series ［D］. New York，NY：New York University，2006.

② WANG Z H. Time series matching：a multi – filter approach ［D］. New York，NY：New York University，2006.

的总体价格水平来预测股票价格的变动趋势，选择有利的投资时机。

　　整个证券市场运营系统产生的数据主要分为两大类：股票行情数据与客户交易数据。这样，相应地，聚类分析用于分析股票也主要侧重于这两个方面。其中，股票行情数据是由交易产生的，包括开盘价、收盘价及交易量等多种信息。它们构成了反映国民经济发展最真实庞大的数据集。由于股票价格（包括开盘价和收盘价）随时间的变化蕴含着股票市场甚至社会经济发展的某种规律，并可能反映了其中的某些问题，因此，股票价格的走势一直是各类研究人员关注的重点之一。例如，发现在某段时间范围内有相似变化趋势的股票；给定一个特定的变化规律，能从一段长时间的股票价格序列中发现该规律发生的时间段；发现股票价格序列中频繁发生的规律或者异常情况等等。

　　已有的聚类分析对于股票行情数据的研究关注的是单只股票的信息，揭示的是单只股标内部的规律。然而，任何事物都不是孤立存在的，事物之间普遍存在各种联系，它们的自身内部要素也相互联系，对于同一领域中的事物，外界环境会对它们造成相似的影响。因此，笔者认为，将不同的波形相似的股票聚类到一起，可利于分析者从各方面对它们进行统一的分析，找出它们共性的东西，从而更容易、更准确地揭示出它们的发展规律，为股票时间序列的更深入的研究提供服务。

　　此外，传统的聚类方法出现了以下的不足：（1）传统的聚类算法对很长（维度很高）的时间序列很难处理，必须先进行复杂的维度简约处理；（2）传统的聚类算法都是基于距离度量的（如欧几里得聚类），当时间序列是用时间点值作为输入时，那么对于有数值缺失的或不同长度的时间序列，传统的聚类方法将无法起作用，因此必须首先对时间序列进行补缺预处理；（3）传统的时间序列数据聚类方法大部分是对基于形状的数据集进行处理，适合于短的时间序列数据集，那么对长时间序列数据集进行聚类效率很低；（4）如果采用先对长时间序列分段成短时间序列再采用传统的方法进行数据挖掘，那么对长时间序列分段可能会破坏掉时间序列本身蕴含的关键信息；（5）由于长时间序列维度很高，传统聚类方法首先对长时间序列进行维度简约和分段，然后用短时间序列时间挖掘的方法对其进行其他的过程，这就降低了时间序列数据挖掘的效率。

本专著在上述研究的基础上，抽取了最大 Lyapunov 指数、几个时域特征（幅值平方和、峰值、谷值、方差、峰度、偏度）、总功率谱和、趋势项系数、自相关系数、偏相关函数、周期等几个序列特征，采用了 CURE 聚类与减聚类相结合的聚类方法对股票价格长时间序列进行聚类。

第四节　研究方法

本书的写作，采用的研究方法主要有 5 个。

1. 文献调查法

对国内外发表的关于数据挖掘和时间序列聚类理论研究与系统开发方面的相关文献进行广泛调查。虽然该方面的文献比较多，但是关于长时间序列的时间挖掘和聚类方面的文献很少见。国内只有几篇，国外以及港澳台地区的研究较早，资料也比较多，但资料收集非常困难，目前有十余篇，这些文献为本书的写作提供了理论依据。

2. 网站调查法

目前还没有在网上看到关于长时间序列数据挖掘方面的理论文献或案例。希望能通过网站找到一些相关的理论文献和案例，为制定深入研究长时间序列聚类算法的计划做准备。

3. 专家咨询法

拜访该领域或相关领域的专家学者，或通过电话、E‐mail 等方式与他们联系，就本书写作中的一些具体问题向他们咨询，了解相关情况。

4. 案例分析法

本书拟从国内外目前正在运行的时间序列数据挖掘与聚类系统中选取若干有代表性的案例进行分析对比。在实证分析的基础上，选用适合于开发长时间序列数据聚类系统的算法与关键技术。

5. 实例验证法

主要针对长时间序列数据挖掘中的聚类算法分析对比，本书引入长时间序列的概念，用全序列特征重新表征时间序列以便对海量的时间序列进行降维，提出了 CURE 和减聚类结合对全序列特征表征的时间序列进行聚类的具体算法和流程，并通过具体实验论证其有效性，目的就是为具有共同特性的股票进行分析和预测提供理论依据。

第五节　本书的主要内容及创新

一、本书的主要研究内容

本书共分六部分，主要内容如下。

（一）相关理论基础与文献综述

第一部分主要讨论本著作研究所涉及的基本理论与方法。股票分析技术大体上可以分为两类：定性分析和定量分析，也可以称之为基本分析和技术分析。时间序列聚类分析技术可以归类于技术分析的范畴，技术分析的基础就是股票市场波动性理论。第一部分首先对有效市场理论和分形市场理论进行了论述，然后对时间序列聚类分析技术的概念、分类和主要技术进行了分析和比较，并提出了本著作采用的长时间序列聚类方法。

（二）长时间序列的重新描述

由于长时间序列的数据量太大而且维度很高，对于不同领域的时间序列很难定义统一的相似度量公式，因此用普通的时间序列数据挖掘工具直接对原始的长时间序列进行聚类很难达到理想的效率，而且代价高昂。如何对时间序列进行重新描述是长时间序列聚类的首要问题。第二部分对长时间序列重新描述方法的作用和选择原则进行了概括和总结，指出提取时间序列的特征来描述原时间序列是一个比较好的方法，不仅可以保留原始时间序列的信息，而且可以大大降低聚类计算过程的复杂度，提高了长时间序列数据挖掘的效率。

（三）股票价格长时间序列的去噪处理

时间序列由低频的趋势性成分、周期性成分和高频的细微波动组成，这些波动就是噪声。股票价格时间序列的去噪方法有很多，较常用的有傅里叶变换去噪方法和小波变换去噪方法。近年来，小波去噪取得了日益广泛的运用，因其去噪效果好而逐渐成为重要的去噪工具。本专著采用的就是小波去噪的方法。第三部分首先对小波去噪的基本原理和方法进行了分析，然后对本著作所采用的非线性小波变换阈值法去噪方法进行了详细论述，并对相关重要参数进行了设定。

（四）股票价格长时间序列的全序列特征

对全序列进行聚类，首先要对时间序列进行特征提取，抓住时间序列的总体特征构造以提取的特征为属性的时间序列，然后再对这些重构的时间序列聚类，一方面达到降维的目的，另一方面建立样本属性变量——对应关系，可以应用一般的聚类方法达到对时间序列聚类的目的。第四部分首先对长时间序列的全序列特征进行概括，然后论述基于小波分析的长时间序列全序列特征抽取方法。最后，基于这些抽取方法，采用 Matlab 编程对一只股票的日收盘价时间序列的全系列特征进行抽取。

（五）一种改进的聚类混合算法

本著作提出的聚类混合算法是对 CURE 算法的一种改进。第五部分先对 CURE 算法进行了描述，并分析了其优缺点。然后基于 CURE 算法存在的问题，提出了一种改进的聚类混合算法，即 CURBSC（Clustering Using Representative Based on Subtractive Clustering）算法。并给出了该算法的流程图。为了验证 CURBSC 算法的可行性，这部分最后采用了 UCI 数据库中三个数据库的数据，分别对其进行 CURE 和 CURBSC 的聚类仿真实验，并对聚类结果进行了有效性和时间复杂度的分析。

（六）股票价格长时间序列聚类实证分析

在前文各部分研究的基础上，第六部分对从齐鲁证券的通达信软件上下载的 40 只股票的日收盘价构成的长时间序列进行了处理和聚类。其中包括对原始时间序列进行去噪、全序列特征抽取、归一化处理和聚类等。最后对提出的改进的聚类算法进行了评价，包括该算法的优缺点以及未来的研究方向等。

二、本书的创新之处

本专著的创新之处有三点。①深入研究了时间序列的表征方法，针对股票价格时间序列数据库海量、维度高的特点，为了对海量数据库进行降维并且不降低数据所包含的信息，提出了采用全序列特征对其进行重新描述。这样不仅可以节省数据的存储空间，更能提高处理数据的速度，从而提高系统的效率。②全面深入地探讨了时间序列数据挖掘的聚类算法，并对已有的主要聚类算法进行了比较研究，提出了针对长时间序列更有效的数据挖掘聚类策略。基于 CURE 算法不能正确分区和减聚类算法能够自适应确定聚类个数及类中心的特点，本著作提出了采用CURE 和减聚类相结合的算法对全序列特征表征的时间序列进行聚类。③将所采用的聚类算法应用于中国股票市场，对股票价格长时间序列进行聚类分析，通过实证研究验证了 CURE 和减聚类相结合的算法的有效性。本专著的研究将填补国内在时间序列数据挖掘领域中对长时间序列进行研究方面的不足，为深化研究金融时间序列数据挖掘及其实际应用提供理论依据与方法。

第二章

相关理论基础与文献综述

第一节 股票市场研究的技术与方法

股票市场是一个复杂的金融系统。随着我国股票市场的不断发展，人们对股票、投资理财给予了越来越多的关注，人们希望能够掌握和预测股票市场的涨落和变化规律，以便获取更多的财富，实现资产和财富的保值增值。多年来，人们对股票价格走势进行了不懈的研究，投资分析方法和技术也在不断改进和创新。这些方法和技术大体上可以分为两大类：定性分析和定量分析，也可以称之为基本分析和技术分析。二者相辅相成，在对股票进行分析时各有侧重，当投资者考虑是否投资于股票或者购买什么股票时，一般运用定性分析方法对股票进行分析；当决定何时买卖股票以及买卖多少股票时，一般运用定量分析的方法。

一、定性分析

定性分析主要对股票所属的公司的"质地"进行分析，就是运用归纳、综合、演绎、分析等方法，对获得的关于公司和股票的相关信息进行思维加工，去伪存真、由表及里，从而达到认识事物本质、揭示股票的内在价值的目的。定性分析是一种最根本、最重要的股票分析研究过程。巴菲特采用的股票分析方法主要就是这种方法。

定性分析主要采用基本面分析方法和手段。基本分析派认为影响股价的主要原因是基本因素，所以他们特别重视上市公司的经营状况和财务状况以及管理团队、销售、竞争力等，还注重研究社会的经济指标、国家经济政策以及与政治有关的政治因素等。在当前全球化的背景下，投资者还需要研究国际股票市场以及国际政治经济形势等基本因素，并以此来评估所购买股票的投资价值和合理价位。基本面分析主要包括三个方面的内容。

第一，宏观经济分析。宏观经济分析是把整个国民经济活动作为对象，主要研究国民生产总值和国民收入的变动情况，以及它们与社会就业、经济增长、经济周期波动、通货膨胀等之间的关系。宏观经济指标研究的是各种经济数据和经济政策对股票价格的影响，包括国内与国际两部分。证券市场是"国民经济的晴雨表"，宏观经济的走向决定了证券市场的长期发展趋势。因此，对证券市场进行宏观经济分析既可以把握证券市场的总体变动趋势，又可以正确判断整个证券市场的投资价值。

第二，行业分析与区域分析。股票所属的行业不同，其所在的上市公司的投资价值也存在着很大的差异。行业分析就是对股票所属的行业在国民经济中的地位、其在市场的占有份额、该行业的发展状况等各方面的信息进行了解，以便做出正确的投资策略。行业分析和区域分析是介于宏观经济分析与公司分析之间的中观层次的分析。

第三，公司分析。公司分析是基本面分析的落脚点，主要包括公司财务分析、营销分析、管理团队、所占的市场份额等因素。

基本面分析的优点是能够把握股票价格的基本趋势，且应用简单，可以结合日常生活的观察来实施。基本面分析的缺点是预测周期较长，短期预测精度较低，对短期投资者的指导作用较小。所以，基本面分析主要适用于下列应用领域：①相对成熟的股票市场；②较长周期的股票价格预测；③预测精度要求不高的领域。

二、定量分析

也称为技术分析。技术分析是通过研究市场过去和现在的行为来预测市场未来的走势，并运用多种数学模型，对市场的未来变化进行研判的一种技术方法。技术分析派认为技术是影响股票价格的主要因素，所以他们重视影响股票价格的心理因素。技术分析的理论基础是三个合理的市场假设：

第一，市场行为反应一切信息。该假设认为影响股价的所有内外因素都反映在市场行为中，即股价反映了所有的市场因素。

第二，股价沿趋势变化。认为股价变动是按一定规律进行的，在趋势没有发生根本变化之前，会在原有的方向上保持一定的惯性。

第三，历史会重演。这一假设在股市中同样成立，本书就是根据这一假设通过时间序列模型对未来的股价走势做出预测。

随着计算机的普及，近几年技术分析方法得到了快速发展，其主要内容包括 K 线理论、形态理论、切线理论、波浪理论、技术指标理论和循环周期理论等。阿彻利斯（Achelis）对常用技术指标的用途及其计算机方法进行了详细的概括①。技术分析方法在预测股票价格的短期趋势方面是优于基本分析方法的，目前技术分析已经成为投资分析的标准惯例。目前常用的股票定量分析方法有：证券投资分析方法、专家评估法、市场调查法、时间序列分析方法、投资组合分析、混沌动力学分

---

① ACHELIS S B. Technical analysis from A to Z [M]. America：McGraw – Hill High Education，2001.

析方法、马尔科夫链分析方法、神经网络分析方法、灰色系统分析方法、分形分析以及各种组合方法等。

本书所讨论的分析方法只涉及定量分析方法。时间序列分析方法具有严格的数学基础，目前在金融预测领域获得了广泛的应用。本书提出了通过时间序列数据的各种特征值来重新描述时间序列数据，这样可以大大降低数据的维度，并减少了数据库的占用空间。这些特征有时域特征也有频域特征，提取这些特征值，本著作采用的方法是小波分析法。本章核心是研究股票时间序列的聚类，本书采用了将 CURE 算法和减聚类算法相结合的方法。

第二节　股票市场波动性理论

对股票市场波动性的研究，是分析股票价格走势、防范股市风险的基础，是对股票市场进行定量研究，其前提就是对股票市场的波动特性进行准确的刻画。

一、股票波动的一般特性

股票的波动性是指股票价格受到公司经营情况、银行利率、国民经济发展状况甚至是大众心理等诸多复杂因素的影响而呈现出来的变动状况。对于股票价格的波动，一般假设认为它服从一种无规律的随机波动，这一假设与有效市场理论相一致。但是，实际的市场波动表现出更加丰富和复杂的特性。

（一）收益分布的高峰厚尾特性

实证研究表明，金融收益序列往往呈现出高峰厚尾的特性，即在收益的均值附近以及距离均值较远的尾部，真实分布比标准正态分布具有更高的概率分布密度函数。这一特性反映了股市波动的正相关特性，说明股票市场具有正反馈效应。

（二）波动的长记忆性和持续性

通过实证研究，人们发现股票波动不仅具有短期的相关性，同时具有长期的相互影响，即股票价格波动具有长记忆性和持续性。许多基于分数维波动模型的实证结果认为金融波动序列是一个分数维序列。波动序列的分数维和长记忆特性，反映了金融波动的非线性和分形特性。

（三）波动的集聚性

所谓波动的集聚性反映的是金融市场中的一种现象，较大的波动后面往往跟着较大的波动，而较小的波动后面则是较小的波动。该特性指的是股票价格波动的正相关和正反馈效应。这一现象与有效市场理论中关于金融波动的不相关假设相矛盾。

（四）杠杆效应

在股票市场中，无论是正面的信息还是负面的信息均会对未来的价格波动造成影响。一般来说，负面信息对波动的影响更大，这一现象叫作杠杆效应，它在一定程度上反映了投资者对风险的厌恶程度。

（五）均值回归现象

桑卡尔（Sarkar）[1] 的研究表明，金融价格序列往往围绕着一个固定的值上下波动，较高的收益后面经常跟随着较低的收益，也就是说股票价格序列具有向均值回归的趋势，称为均值回归（mean reversion）现象。它反映了股票价格序列内在的均衡机制。现实的证券市场由于受

---

[1] SARKAR S. The effect of mean reversion on investment under uncertainty ［J］. Journal of economics and control, 2003（28）: 377 - 396.

到各种人为噪声的干扰，其均值回归现象并不明显或者被延迟。

（六）波动溢出效应

不同金融市场的波动之间存在相互影响，波动会从一个市场传递到另一个市场，这一现象称为波动溢出（volatility spillover）效应。不同金融品种之间也会存在波动溢出效应，如股票市场、外汇市场、债券市场之间等。

二、有效市场理论

1970 年，法玛（Fama）[①] 发表的一篇关于有效市场理论的综述性论文标志着对市场有效性的研究拉开了序幕。市场有效性指的是把信息与市场效率结合起来，当价格完全反映了可供利用的信息时，市场是有效率的，这就是有效市场假设（efficient market hypothesis，EMH）。其核心思想是基于不同的信息集，市场对于信息的有效反应机制对应着不同的市场有效性。根据市场对信息的不同反应程度，由弱到强可以将股票市场的有效性分为三个层次，依次为弱有效性、半强有效性和强有效性。弱有效性指的是投资者无法根据历史数据获取超额利润，股票投资中的技术分析失败。此时信息集中仅仅包括与价格有关的数据。半强有效性指的是技术分析与基本面分析失败。此时信息集不仅包括与价格有关的所有数据，还包括市场中一切公开的信息。对于强有效性，除半强有效性涉及的数据外，甚至还包括市场参与者的私人信息。在这种情况下，任何分析都是失败的。

有效市场假说完全否定了技术分析的基础，然而市场达到有效需要具备两个重要前提条件：一是投资者拥有对信息进行加工分析并能据此做出正确判断的能力；二是影响股票价格的信息是自由流动的。股票市

---

① FAMA E. F. Efficient capital market: a review of theory and empirical work ［J］. Journal of finance, 1970, 25（2）: 384 – 417.

场通过对信息及时、合理的反映，使价格反映了所有可供利用的信息，所以投资者无法通过对信息和规律的利用来获取超额利润。有效市场假定在华尔街从未被广泛接受，并且关于技术分析能否提高股票投资业绩的争论也一直持续不断。

有效市场理论提出后，各国学者们纷纷针对它进行检验。在早期的研究中，许多实证研究结果支持股票价格的随机波动①②③。然而，近几年随着计算机技术的不断发展以及对金融市场定量研究与建模理论的深入研究，许多研究结果表明股票价格的波动并不是完全随机的，而是存在一定的相关性。另外，伴随着分形理论与时间序列分数维理论的发展，人们发现市场的波动经常表现出分形和分数维特性，这说明股票市场的波动往往表现出非线性特征，线性理论不能准确地反映股票市场的内在机制。有的文献④对 1928 年 1 月到 1990 年 8 月间 S&P500 的 17054 个日收益数据进行分析，发现其中存在长记忆特性，异于有效市场理论（EMH）下收益的不相关假设。有的文献⑤列出了美国市场 25 只股票，计算了 14 种股指和 7 种债券的 Hurst 指数，证明了股票市场中分形特征的广泛存在。

三、分形市场理论

美籍法国数学家曼德尔布罗特（Mandelbrot）在论文《英国海岸线

---

① 杨朝军，蔡明朝. 上海股票市场弱式有效性实证分析［J］. 上海交通大学学报，1998，32（3）：65 – 70.

② 范龙振，张子刚. 深圳股票市场的弱有效性［J］. 管理科学学报，1998，12（1）：35 – 38.

③ 张兆国，桂志兵，黄玮. 深圳股票市场有效性实证研究［J］. 武汉大学学报，1999（6）：76 – 80.

④ DING Z X，GRANGER C W J. Modeling volatility persistence of speculative returns：a new approach［J］. Journal of Econometrics，1996（73）：185 – 215.

⑤ 郑维敏. 正反馈［M］. 北京：清华大学出版社，1998.

有多长》中首次提出了分形理论的概念。1991 年埃德加（Edgar）[1] 则提出分形市场的概念，指出分数布朗运动可以更准确地刻画金融市场的波动，从此分形理论在金融领域得到了广泛的研究和应用。该理论把分形理论、非线性系统理论和分数维时间序列理论与金融市场有效性和市场波动特性有机地结合起来，从而建立了一个新的理论框架和理论体系，并给出了分形市场的基本含义。

①价格反映了短期技术分析与长期基本分析的结合。

②市场信息对不同投资期限的投资者影响是不同的。

③市场的稳定性取决于市场的流动性。当市场由众多具有不同投资期限的投资者构成时，市场具有较好的流动性。此时，市场较稳定，即市场的需求与供给之间的关系均衡。

④市场是由各种具有不同投资期限的投资者组成。

张世英等人[2]对于分数维时间序列以及分形市场的内在机理进行了深入的分析和阐述，得出如下结论：

①金融市场是一个非线性系统。

股票市场上诸多因素、诸多变量之间存在着复杂的关系，股市即为一个非线性系统。随机游走是整数维的时间序列，分数维时间序列描述的则是一个具有非线性特性的市场。当分数布朗运动的分数维 d 偏离 0 越远（或 Hurst 指数偏离 0.5 越远），时间序列的相关性越大，因此分数维刻画了市场的非线性特征。

②金融市场是一个开放系统。

金融市场作为整个社会经济系统中的一个子系统，与外部环境之间

---

① EDGAR E P. Chaos and order in the capital markets ［M］. New York：John Wiley & Sons, Inc. , 1991.

② 张世英，樊智. 协整理论与波动模型：金融时间序列分析及应用［M］. 北京：清华大学出版社，2005.

进行着各种形式的信息交流等。股市价格呈分数布朗运动，表现出相关性及趋势，反映了熵减情况下股市的有序运动。

③金融波动具有长记忆性。

长记忆性又称为长程相关性，是指金融的历史信息长期影响着未来金融市场的波动。金融时间序列具有明显的长记忆性。国内外的一些研究发现，金融波动对时间序列的初始值非常敏感，这表示金融市场具有一定的混沌特性，该特性与金融时间序列的长记忆性有一定的相似性，都反映了金融市场是非线性的。

④金融市场具有正反馈机制。

正反馈是驱动系统远离平衡的动力，是系统产生耗散性的重要原因。股市的市场正反馈造成了投资者的从众心理，而后者则是前者的表现形式。市场流动性障碍、交易成本、获取信息的费用以及信息的滞后形成了股市的"耗散性"。

⑤金融波动具有自相似性和稳定性。

对于同一价格序列，如果按两个不同的时间尺度间隔求取收益序列，然后对收益序列进行适当的尺度变换，则变换之后的两个收益序列具有相同的分布，这就是收益分布的自相似性，反映了收益序列的分形特性，也说明收益序列具有稳定性。

分形市场理论是有效市场理论的扩展，揭示了更具一般性的资本市场特性。分形市场理论为金融市场的定量分析揭示了一个新的方向。

第三节 时间序列聚类分析技术

所谓聚类，就是将一个数据单位的集合分割成几个称为类或类别的子集，每个类中的数据都有相似性，它的划分依据就是"物以类聚"。

数据聚类分析是根据事物本身的特性，研究对被聚类的对象进行类别划分的方法。聚类分析又称为无监督学习（Unsupervised Study），主要体现在聚类学习的数据对象没有类别标记，需要由聚类学习算法自动计算。它是一种将一组数据对象分为多个类的数据挖掘技术。聚类分析依据的原则是使同一类中的对象具有最大可能的相似性，而不同类中的对象具有最大可能的相异性，聚类分析需要解决的主要问题就是如何在没有先验知识的前提下，实现满足这种要求的类的聚合与分类。

时间序列聚类是数据聚类的一种特例，就是集合中的每个数据都是一个时间序列数据。因此大部分数据聚类方法也适用于时间序列聚类。针对时间序列的聚类分析一般要求同一类中的时间序列片段应具有相似的变化形态。

一、时间序列聚类分析的相关概念

（一）时间序列聚类的定义

时间序列聚类：在时间序列空间 A 中，数据集 X 由许多数据点组成，每个数据点满足 $x_t = (x_{t1}, x_{t2}, \cdots x_{td}) \in A$，其中 x_t 的每个属性（又称为维度）x_{ij} 可以为数值型的或枚举型的。数据集 X 相当于是一个 $N \times d$ 矩阵。则数据集 X 中有 N 个对象 $x_t(i = 1,2,\cdots N)$（数据点）。聚类就是要把数据集 X 划分为 k 个分割 $C_m(m = 1,2,\cdots k)$，把其中不属于任何一个分割的对象称为噪声 C_n。所有这些分割与噪声的并集就是数据集 X，并且这些分割之间没有交集，即满足

$$\begin{cases} X = C_1 \cup \cdots \cup C_k \cdots C_m \cup C_n \\ C_i \cap C_j = 空(i \neq j) \end{cases}$$

其中的分割 $C_m(m = 1,2,\cdots k)$ 就是聚类。

（二）聚类算法的分类

由于聚类分析在数据处理中具有重要作用及其特殊性，近年来，对非时间序列的聚类研究，尤其是多维数据的聚类研究已经十分深入。很多文献从不同的角度对聚类分析进行了分类，但大部分都是根据聚类算法进行分类的。按照部分文献①的分类方法，聚类方法主要包括划分法（Partition – Based）②、层次法（Hierarchical – Based）③④、基于密度（Density – Based）的聚类⑤⑥、基于网格（Grid – Based）的聚类⑦⑧和基于模型（Model – Based）的聚类⑨五种聚类方法。国内也有大量的文献⑩⑪对这几种方法进行了详尽的描述。

---

① HAN J W, KAMBER M . Data Mining：Concepts and Techniques ［M］. San Francisco：Morgan Kaufmann, 2001.

② JAIN A, DUBES R. Algorithms for clustering data ［M］. New Jersey：Prentice – Hall, Inc. , 1998.

③ GUHA S, RASTOGI R, SHIM K. Cure：An efficient clustering algorithm for large databases ［J］. Information Systems, 2001, 25 (1)：35 – 58.

④ ZHANG T, RAMAKRISHNAN R, LIVNY M. Brich：An efficient data clustering method for very large databases ［J］. ACM Sigmod Record, 1999, 25 (2)：103 – 114.

⑤ ANKERST M, BREUNIG M, KRIEGEL H P, et al. Optics：Ordering points to identify the clustering structure ［J］. ACM Sigmod Record, 1999, 28 (2)：49 – 60, 1999.

⑥ ESTER M, KRIEGEL H, SANDER J, et al. A density – based algorithm for discovering clusters in large spatial databases with noise ［C］//Proceedings of the Second International Conference on Knowledge Discovery and Data Mining. Portland, Oregon：AAAI Press, 1996：226 – 231.

⑦ WANG W, YANG J, MUNTZ R. STING + ：An approach to active spatial data mining ［C］//Proceedings of the 15th International Conference on Data Engineering . Sydney, Australia：ICDE 1999, 1999：116 – 125.

⑧ WANG W, YANG J, MUNTZ R. Sting：A statistical information grid approach to spatial data mining ［C］//Proceedings of 23rd International Conference on Very Large Data Bases. Athens, Greece：VLDB 1997, 1997：186 – 195.

⑨ HAN J , KAMBER M. Data Mining：Concepts and techniques ［M］. California：Morgan Kaufmann, 2001.

⑩ 杨小兵. 聚类分析中若干关键技术的研究 ［D］. 杭州：浙江大学, 2005.

⑪ 赵恒. 数据挖掘中聚类若干问题研究 ［D］. 西安：西安电子科技大学, 2005.

①划分法（Partition – Based）。划分法是根据用户输入的 k 值把给定对象分成 k 组，且每个组至少包含一个对象，每个对象属于且仅属于一个组。每组代表一个类，利用循环寻找更合理的聚类中心，直到划分标准达到最优为止。其典型代表算法包括 k 中值（k – means）和 k 中心点（k – medoids）两种算法。

②层次法（Hierarchical – Based）。层次法是指对给定的对象集合进行层次分解，其包括凝聚和分裂两种方式。凝聚式是一种自底向上的策略，首先将每个对象作为一个单独的类，然后合并这些类（对象）为越来越大的类，直到所有的对象都在一个类中，或者满足某个终止条件。大部分的层次聚类法都是凝聚式的，它们的不同之处仅仅在于类间相似度的定义的不同。与凝聚式不同的是，分裂式的聚类策略是自顶向下，该方法把所有对象看成一个独立的对象，然后对该对象进行逐级的分裂，每级分裂得到的小类都作为下级分裂的独立对象，依次逐级分裂为愈来愈小的类，直到所有的原始对象（单个数据）都成为单独的一个类或达到某个终止条件为止。层次凝聚的代表是 AGNES 算法，层次分裂的代表是 DIANA 算法。

③基于密度的方法。该方法不断增长所获得的聚类，直到某个类邻近密度低于一定阈值为止。其指导思想是，只要一个区域中的点的密度大过某个阈值，就把它加到与之相近的聚类中去。其典型算法包括 DB-SCAN、OPTICS、DENCLUE 等。

④基于网格的方法。该方法的思想是，将所聚类的对象空间划分为有限数目的单元以形成网格结构，所有的聚类操作都是在这一网格结构上进行的。其代表算法是 STING。

⑤基于模型的方法。基于模型的方法首先为每个聚类假设一个模型，然后按照模型去发现符合的对象。它的一个潜在的假定就是目标数据集是由一系列的概率分布所决定的。其典型算法主要包括统计学方法

（如 COBWEB）和神经网络方法（如 SOMs）。

按照聚类算法所采用的基本思想不同，有的文献①将聚类算法分为层次聚类、分割聚类、基于约束的聚类、机器学习中的聚类和用于高维数据的聚类等五类，如图 2－1 所示。文中还对部分聚类算法的性能进行了总结和比较。

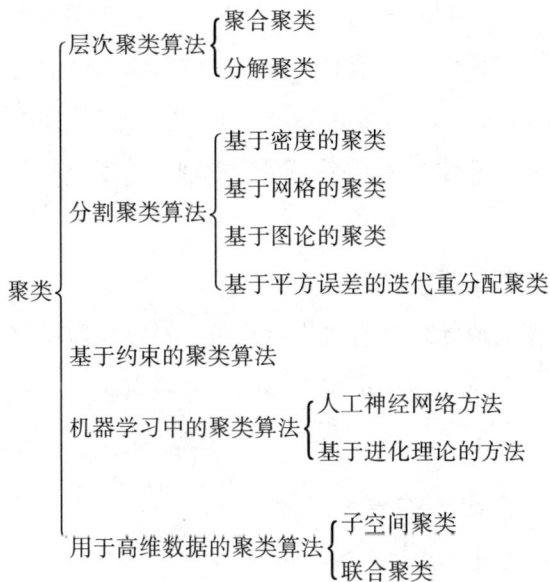

图 2－1　聚类算法分类图

把时间当成多维数据中的一维，就可以把非时间序列的聚类算法扩展到时间序列的聚类上去。有文献②将当前的时间序列聚类方法分为基于原始数据、基于特征量以及基于模型的聚类三类。根据聚类对象的不同，通常可将时间序列聚类分为两类：全序列聚类（whole series cluste-

① 贺玲，吴玲达，蔡益朝. 数据挖掘中的聚类算法综述［J］. 计算机应用研究，2007（1）：10－13.

② LIAO T W. Clustering of time series data—a survey［J］. Pattern Recognition，2005（38）：1857－1874.

ring）和子序列聚类（sub – series clustering）①。全序列聚类以几个时间序列构成的集合作为聚类对象，该集合中的所有时间序列必须是等长的，其聚类的重点和难点在于聚类表示和聚类算法的选择；子序列聚类则以一个时间序列为聚类对象，该方法用一个时窗在一个时间序列上滑动得到一个个子序列，然后对子序列集合进行聚类，在该种聚类中，窗口的大小以及窗口之间间隔的大小选择问题对聚类结果有着非常大的影响。除此之外，如果对某一个时间序列中的若干时间点进行聚类，就称为时间点聚类（time point clustering），这可以按照某种内部联系将一个时间序列内的时间点聚集成几个不同的类别。

二、时间序列聚类的主要方法

本著作根据对原始数据直接进行聚类、对原始数据进行特征抽取再聚类、对原始数据进行建模再聚类将时间序列聚类分为三类：基于原始数据的（Raw – data – based）聚类、基于特征的（Feature – based）聚类和基于模型的（Model – based）聚类。

（一）基于原始数据的方法

基于原始数据的聚类方法是指对原始数据直接进行聚类的方法，进行聚类的时间序列必须采用相同的时间间距进行采样，但它们的长度不必一致。K – means、模糊 c – means、遗传算法、凝聚分层聚类、神经网络聚类等算法都可用于原始数据的聚类。

Golayd 等②和 Liao③ 采用模糊 c – means 对原始时间序列进行聚类。

---

① CHEONG C W, LEE W W, YAHAYA N A. Wavelet – based temporal cluster analysis on stock time series ［C］//ICOQSIA 2005. Penang, Malaysia：ICOQSIA, 2005：6 – 8.

② GOLAY X, KOLLIAS S, STOLL G, et al. A new correlation – based fuzzy logic clustering algorithm for fMRI ［J］. Magnetic Resonance in Medicine, 1998（40）：249 – 260.

③ LIAO T W. Mining of vector time series by clustering ［J］. Working Paper, 2005.

前者主要是针对单变量的等长时间序列进行聚类，分别使用了欧氏距离和两种基于互相关的距离度量对时间序列进行相似性度量，并对聚类效果进行了比较研究，讨论了类的数目的多少对聚类的影响。后者主要是针对等长或不等长的多变量时间序列进行聚类。首先，采用传统欧式距离度量的 k – means 或模糊 c – means 对原始数据进行聚类，将实值多变量时间序列转换成离散的单变量时间序列。然后，采用不同的距离相似性度量方法，再次用 k – means 或模糊 c – means 对转换得到的单变量时间序列进行聚类。

卡奇扎瓦（Kakizawa）等①将分层聚类和 k – means 聚类两种方法结合，对地震和瓦斯爆炸的多元向量序列进行聚类。沙姆韦（Shum-way）②对非平稳时间序列进行研究，他使用了 Kullback – Leibler 信息密度区分度量算法来度量两个非平稳时间序列之间的差异，该方法能给出最优时频统计值，并采用了凝聚式分层聚类算法进行分析。

在 DNA 微阵列数据研究中，莫勒 – 勒维特（Moller – Levet）等提出了短时间序列（short time series，STS）距离概念来度量振幅相对变化造成的形状改变的相似性和非均匀采样带来的时态信息的相似性。将短时间序列距离应用到标准模糊 c – means 算法中，他们对计算隶属矩阵和原型（或聚类中心）的算式进行了改进，得到改进的模糊时间序列聚类算法。模糊短时序列聚类（FSTS）③算法是基于模糊聚类和短时

---

① KAKIZAWA Y, SHUMWAY R H, TANIGUCHI N. Discrimination and clustering for mul-tivariate time series ［J］. Journal of the American Statistical Association, 1998, 93 (441)：328 – 340.

② SHUMWAY R H. Time – frequency clustering and discriminant analysis ［J］. Statistics and Probability Letters, 2003, 63 (3)：307 – 314.

③ MILLER – LEVET C S, KLAWONN F, CHO K , et al. Clustering of unevenly sampled gene expression time – series data ［J］. Fuzzy Sets and Systems, 2005, 152 (1)：49 – 66.

距离描述的模糊聚类算法，是一种划分优化技术，主要对时间序列形状的相似性进行分析然后对其分类。通常的集合有一个刚性或脆性的界，每个元素的隶属度只可能是"0"或者是"1"。而模糊集有一个模糊的界，每个元素都有不同的隶属度，分别表示各个元素在一个类中对总体特征的影响程度，显然模糊集是更实际的方法。此外，模糊方法本身考虑了时间序列中的噪声，因此更适合处理实际得到的时间序列。

基于原始数据的聚类方法虽然可以处理高维空间的时间序列，尤其适合处理快速采样的数据集。但该方法对于直接处理具有高噪声的原始数据效果不太理想。

(二) 基于特征的方法

与基于原始数据的聚类对于处理高噪声的原始数据效果不理想不同的是，基于特征的聚类恰恰适合处理高噪声的原始数据。实际上，现有的特征抽取方法一般是一些常用的方法，但抽取出的特征通常是依赖于某个固定程序的，也就是说，抽取出来的一组特征量在一个程序中效果很好，在另外的程序中却未必。当前，一些学者已经开始着手研究如何改进特征抽取的方式来进一步降低抽取出的特征项的维度，并提高它们的适用性。

现在的研究越来越趋向于自动聚类算法 (只要用户具备少量的聚类的知识就能使用这种聚类算法) 和提供精确度较高的模板集。威尔彭 (J. G. Wilpon) 等人①对 k-means 聚类算法进行了改进以识别孤立数据。改进后的算法解决了怎样获得聚类中心、怎样划分类 (cluster)、

---

① WILPON J G, RABINER L R. A Modified k-means clustering algorithm for use in isolated word recognition [J]. IEEE Transactions on Acoustics Speech and Signal Processing, 1985, 33 (3): 587-594.

怎样产生最终的聚类表示（Cluster Representations）。有一文献①为了对谱进行规格化，采用 Ward 的最小方差法和单一联结法两种分层聚类算法对时间序列进行聚类。首先将原始数据的均值调整为 0 后重新构造谱。并对主成分分析过滤谱进行了聚类。实验结果发现，用 14 个最有意义的特征向量代替原始数据进行聚类得到了相当好的效果。该文献中采用的度量方式是欧式距离度量。

有一文献②描述了用自组织映射 SOM 对数值型时间序列进行子序列聚类的方法，首先要用一个连续的滑动窗口对时间序列进行分段。文献介绍了降低输入序列 D 的维度的感知关键点（perceptually important point，PIP）识别算法。其中，输入序列 D 要与查询序列 Q 相一致。输入序列 D 和查询序列 Q 中发现的 PIPs 之间的距离度量可定义为横向坐标和纵向坐标的最小欧式距离之和。本著作还对 SOM 做了改进，在输出层过滤掉不参与反馈的节点。

文献③阐述了序列聚类精炼法（sequence cluster refinement algorithm，SCRA）的聚类算法。该算法采用离散隐马尔可夫模型根据机床的性能状况对机床监控数据进行聚类。这种算法不同于常见的 Lloyd 算法。前者采用的是 HMM，Lloyd 算法是一种矢量量化算法，它采用的是模板向量。这种新算法不是直接对全部原始数据进行处理，而是首先用模板匹配对批量数据信号中的瞬态信号进行检测，然后形成瞬态信号的

① SHAW C T, KING G P. Using cluster analysis to classify time series ［J］. Physica D Non-linear Phenomena, 1992 (58)：288 – 298.
② FU T C, CHUNG F L, NG V, et al. Pattern discovery from stock time series using self – organizing maps ［C］//KDD 2001 Workshop on Temporal Data Mining. San Francisco：KDD 2001 Workshop on Temporal Data Mining, 2001：27 – 37.
③ OWSLEY L M D, ATLAS L E, BERNARD G D. Self – organizing feature maps and hidden Markov models for machine – tool monitoring ［J］. IEEE Trans. Signal Process, 1997, 45 (11)：2787 – 2798.

high – resolution 的时频表达。为了降低维度，该算法对自组织特征映射算法进行了改进，从而提高了它的通用性。

还有文献①提出了一种新的聚类方法，该方法对 Haar 小波变换后不同分辨率的时间序列进行增量式聚类。首先，对所有时间序列进行 Haar 小波分解，然后用 k – means 聚类法对各层分解得到的时间序列进行聚类，在此过程中，每层聚类的最终聚类中心都作为下一层聚类的初始聚类中心。

（三）基于模型的方法

基于模型的聚类方法为每一个类假定了一个模型，寻找时间序列数据对给定模型的最佳拟合，它试图优化给定的时间序列数据和某些数学模型之间的适应性。基于模型的方法经常假设时间序列数据是根据潜在的概率分布生成的。

有一文献②对三种划分时间序列的元启发式（meta – heuristic）聚类方法按照下面的方式进行评价：①同一类中的每对时间序列间的最大互相关绝对值要大于给定的阈值；②对于给定数目的类，k – min 聚类准则达到最小。其中互相关系数是从由原始数据建立的模型中计算得到的。在所有被评价的聚类方法中，与单一连接法、纯随机搜索法（pure random search）以及基于低位单变量及向量 ARMA 模型生成的人工时间序列的模拟实验的模拟退火遗传算法相比，Tabu 搜索的性能要优越得多。

---

① VLACHOS M, LIN J, KEOGH E, et al. A wavelet – based anytime algorithm for k – means clustering of time series ［C］// Proceedings of the Third SIAM International Conference on Data Mining. San Francisco, CA: the Third SIAM International Conference on Data Mining, 2003.

② BARAGONA R. A simulation study on clustering time series with meta – heuristic methods ［J］. Quaderni di Statistica, 2001（3）: 1 – 26.

有一文献①定义了一种新的模型——分层平滑模型（hierarchical smoothing models，HISMOOTH 模型）。采用这种模型容易理解音乐配乐的符号组成及其性能之间的关系。该模型通过音乐配乐频宽的层次结构和系数的向量矩阵进行描述。

有一文献②开发了凝聚式分层聚类程序。假设每个平稳时间序列都符合一个线性 AR（k）模型 $\pi' = [\pi_1, \pi_2, \cdots, \pi_k]$，那么可以推导出卡方（chi - square）分布式检验统计值来检验零假设，也就是说，两个平稳时间序列的生成条件和过程是完全一样的，即 $H_0 : \pi_x = \pi_y$。如果关联的 p 值（p 值是指获得现有假设或者更极端情况的概率）大于设定的显著性水平 α，那么两个时间序列就归为一个类。文献中采用了差异性度量对聚类结果进行评价。两个待评价的转移矩阵的相似性用矩阵中相应行的对称 Kullback - Liebler 距离均值来度量。

有的文献③提出了动态聚类的贝叶斯算法（a Bayesian algorithm for clustering by dynamics，BCD）。假定一个包含 n 个离散单变量时间序列的数据集，首先采用 BCD 算法将每个序列转换成个马尔可夫链（MC），然后将相似的 MCs 归为一个类得到生成过程的最大或然集。BCD 实际上是一种无监督凝聚聚类算法。考虑一个分割为隐离散变量 C，C 中的每个状态 C_k 为时间序列的一个类，这样就确定了一个状态转移矩阵。由此而来，聚类的任务就是依据最大后验概率来选择模型的贝叶斯模型选择问题。在模型的选择过程中，为了对模型进行公平可靠的比较，所

① BERAN J, MAZZOLA G. Visualizing the relationship between time series by hierarchical smoothing models [J]. Journal of Computational and Graphical Statistics, 1999, 8 (2): 213 - 238.

② MAHARAJ E A. Clusters of time series [J]. Journal of Classification, 2000 (17): 297 - 314.

③ RAMONI M, SEBASTIANI P, COHEN P. Bayesian clustering by dynamics [J]. Machine Learning, 2002, 47 (1): 91 - 121.

有模型采用了同样的数据，比较是基于边缘相似性 $p(S|MC)$ 的。聚类结果将通过聚类造成的数据信息丢失作为度量来评价，这种度量方法专门用于文献中提出的聚类方法。M. 瑞莫尼（M. Ramoni）等人[1]提出了用于多变量时间序列的贝叶斯聚类算法。该算法采用基于相似性的启发式搜索法寻求数据的最概然集。相似性度量为可比较的转移概率表之间的 Kullback – Liebler 距离的平均值。该相似性度量用于搜索过程的启发导向而不是分组准则。其分组和结束准则都是基于所得聚类的后验概率，用于发现 MCs 集的最大后验概率划分。

有的文献[2]对 ARIMA 时间序列聚类进行了研究，采用两个时间序列之间的线性预测编码（Linear Predictive Coding, LPC）倒谱的欧几里得距离作为时间序列的非相似性度量。一个 AR（p）时间序列的倒谱系数可由自回归系数推导得出。选用围绕 k – 中心点算法的中心点法的划分方法，采用聚类相似性度量和轮廓宽度（Silhouette width）来评价聚类结果。对四个数据集进行测试，结果发现 LPC 倒谱比其他一些常用的方法（如 Euclidean 度量）具有更高的鉴别度（discriminatory power）和更有效的聚类效果。

有的文献[3]提出一种对单变量 ARIMA 序列进行聚类的方法，是一种基于模型的方法。假设时间序列是由 k 个不同的 ARMA 模型生成的，

---

① RAMONI M, SEBASTIANI P, COHEN P. Multivariate clustering by dynamics ［C］// Proceedings of the 2000 National Conference on Artificial Intelligence（AAAI 2000）, San Francisco. CA：AAAI 2000, 2000：633 – 638.

② KALPAKIS K, GADA D, PUTTAGUNTA V. Distance measures for effective clustering of ARIMA time – series ［C］//Proceedings of the 2001 IEEE International Conference on Data Mining. San Jose, CA：the 2001 IEEE International Conference on Data Mining, 2001：273 – 280.

③ XIONG Y, YEUNG D Y. Mixtures of ARMA models for model – based time series clustering ［C］//Proceedings of the IEEE International Conference on Data Mining, Maebaghi City, Japan：the IEEE International Conference on Data Mining, 2002.

其中每个模型与一个具有一定意义的类相对应。用期望最大（expectation – maximization，EM）学习使完全数据似然性期望值最大化来构建模型的混合系数和参数。该文献还对 EM 算法进行了改进以使其能自动确定类的个数。

为了研究根据隐马尔可夫模型生成的多变量实值时间序列集，有一文献①提出了一种能自动确定生成 HMMs 的个数 k 并能对这些 HMMs 进行学习的混合聚类方法。首先采用标准的凝聚式分层聚类算法获得 k 的初始估计值并形成用动态时间弯曲评估相似性的初始类。然后，将这些初始类作为输入对每个类中的一个 HMM 进行训练。

文献②描述了一种对 HMM 表示法表示的时态数据进行聚类的方法。假定时态数据具有马尔可夫特性，可以将其看成沿一个不变状态集发展的或然性结果。可对提出的连续 HMM 聚类法按照叠套搜索的四个层次来概述。从最外层到最内层的搜索层次为：①基于划分互信息度量的划分中类的个数；②给定划分大小的依据 k – means 或者深度优先二元分裂法聚类的结构体系；③对于每个基于 BIC 和 Cheeseman – Stutz 近似给出最大边缘似然性的类的 HMM 结构；④根据 k – 均值分割程序得到的每个 HMM 结构的参数。对于第二个层次，对于 object – to – cluster 分配选择 sequence – to – model 近似距离度量。该文献使用的数据集是从三个随机生成模型得到的人工数据集，这三个随机生成模型分别具有三个

---

① OATES T，FIROIU L，COHEN P R. Clustering Time Series with Hidden Markov Models and Dynamic Time Warping [C] //Proceedings of the IJCAI – 99 Workshop on Neural，Symbolic and Reinforcement Learning Methods for Sequence Learning. the IJCAI – 99 Workshop on Neural，Symbolic and Reinforcement Learning Methods for Sequence Learning，1999：17 – 21.

② LI C，BISWAS G. Temporal pattern generation using hidden Markov model based unsupervised classification [C] //HAND D J，KOK J N，BERTHOLD M R. Lecture Notes in Computer Science，IDA ' 99. Berlin：Springer，1999：245 – 256.

状态、四个状态和五个状态。实验结果显示，本书中提出的方法可重构一个模型规模适中、几乎完美的模型参数值的 HMM 模型。文献①在李和 G. 毕斯沃斯（C. Li & G. Biswas）研究的基础上提出一种贝叶斯 HMM 聚类算法，该算法在第 1 层和第 3 层采用 BIC 作为模型选择准则，并使用 BIC 函数的不变特性提出了一种连续搜索策略。该策略从最简单的模型开始逐步加大模型的规模，当模型的 BIC 值小于先前模型的 BIC 值时就停止搜索。对人工生成的数据和生态学中的数据分别进行实验，实验结果表明该聚类方法非常有效。

（四）几种聚类方法的比较研究

基于原始数据的方法是对原始的数据进行直接聚类，优点是简单直接，缺点就是对噪声数据处理不好，而且由于数据的维数灾难（尤其是高频金融数据）而降低聚类效率和性能，时效性差。采用此方法聚类时要求时间序列的采样时间间隔相等，时间序列的长度可以不相等，但信噪比要高。此方法适合对静态数据进行聚类，方法包括 k - means、模糊 k - means、层次聚类法等。由于金融交易数据普遍存在信噪比低、非平稳、非正态、非线性的特点，因此直接利用原始数据进行分析往往效果不好，所以目前学者们研究的重点是后两种方法。

基于特征提取的方法主要应用于高维空间，特别是采样时间间隔较短的数据，比如高频金融时间序列，经过特征提取后可以有效地去噪和降维。从样本的角度说，如果要对两类样本进行区分，那么这两类样本一定有一些根本区别，这些区别就是特征。该方法特别适合处理信噪比低、非平稳、非线性的特征明显的数据。

---

① LI C, BISWAS G, DALE M, et al. Building models of ecological dynamics using HMM based temporal data clustering—a preliminary study［C］// HOFFMANN F, et al. IDA 2001, Lecture Notes in Computer Science, 2001, 2189: 53 - 62.

基于模型的方法通过找出最合适的模型参数来刻画时间序列的变化规律，基于模型的方法认为相似的时间序列应该产生于相似的模型，所以通过比较模型之间的相似性可以达到时间序列聚类的目的。目前常用的模型有 ARMA 模型、马尔科夫链（Markov Chain，MC）模型、隐马尔科夫（Hidden Markov Model，HMM）模型等。模型方法对于序列数据进行去噪和降维是一种最有效的方法，缺点是模型选择和参数确定是两个困难的因素，所以也是一种最难掌握的聚类方法。

三、本书采用的长时间序列聚类方法

当前，时间序列聚类作为挖掘时间序列数据的一个重要手段，已经成为数据挖掘领域中的一个很重要的研究方向。Keogh 等[①]从不同角度对时间序列聚类进行了总结和归纳，把时间序列聚类研究分为两个方向，即全序列聚类和子序列聚类。全序列聚类是把多个序列看成聚类对象，把相似的序列划分为一类；子序列聚类则针对单个序列进行聚类，首先采用滑动窗口将单个序列划分成多个长度相同的序列段，即子序列，然后将每个子序列作为一个数据，对由这些子序列构成的数据集进行聚类。其目的是对这些划分的时间窗口进行相似性划分。本书研究的对象是多个时间序列，因此子序列聚类不是本书研究的内容，在此不做叙述。

对于全序列聚类而言，一个时间序列就是一个样本，每个样本的属性变量（或数据点）就是该序列的数据长度。当前，由于数据获取技术和存储技术很先进，时间序列的长度都很大，少则上百上千，多则几

---

① KEOGH E，LIN J，TRUPPEL W. Clustering of time series subsequences is meaningless：Implications for past and future research ［C］// Proc. of the 3rd IEE International Conference on Data Mining. Melbourne，FL，USA：the 3rd IEE International Conference on Data Mining，2003：115 – 122.

万、几十万以上。对这样的时间序列，传统的聚类方法已经无法精确、高效地进行聚类。原因如下。首先，传统的聚类算法依靠实际的数据点数值进行相似性度量计算，对超高维的数据来说，传统的聚类算法显然是不实际的；其次，由于各个时间序列的采样标准和采样间隔不尽相同，不同的时间序列在时间点上没有严格的对应关系，而且各个时间序列的长度也可能不一样，这样，传统的聚类算法无法对这些时间序列进行相似性度量，因此也不能聚类了。为了精确、高效地完成全序列聚类，先对时间序列进行重新描述，将时间序列转换成适合传统聚类算法聚类的表达方式。也就是，对时间序列进行特征提取，用提取的特征项对时间序列进行重新描述，对用特征项表征的时间序列进行聚类。一方面，由于和原始时间序列的序列点的点数（原始时间序列的长度）相比，每个时间的特征项非常少（重新描述后的时间序列的长度），这样就达到降维的目的；另一方面，由于对于一组时间序列，提取它们的特征项都是一致的，就可以建立样本属性变量一一对应关系。此时可以应用一般的聚类方法达到对时间序列聚类的目的。王（Wang）等①提取了趋势、季节性、周期、序列相关性、非线性度量、偏斜、峰度、自相似性以及混沌性9个时间序列特征，并对由这9个特征重新描述的时间序列用 SOM 神经网络算法进行聚类。管河山等人②在该方法的基础上，提出趋势、周期、自相关系数、逆自相关系数、偏相关系数、偏度、峰度、混沌性和时间序列从时间域向频谱域转换变换后的截尾系数（前两阶）等12个特征，并建立模型进行聚类。本著作在上述研究的基础上，抽取了最大 Lyapunov 指数、几个时域特征（幅值平方和、峰值、

---

① WANG X Z, SMITH K, HYNDMAN R. Characteristic – Based Clustering for Time Series Data［J］. Data Mining and Knowledge Discovery, 2006（13）: 335 – 364.

② 管河山，姜青山. 时间序列挖掘中一种新的相似性度量［J］. 计算机工程与应用，2007（26）: 152 – 155.

方差、峰度、偏度）、总功率谱和、趋势项系数、自相关系数、偏相关函数、周期等序列特征，提出了一种改进的聚类算法——CURBSC，该算法是用减聚类获取初始聚类中心的 CURE 聚类算法，并用该算法对股票日收盘价长时间序列进行聚类。

第四节　本章小结

股票市场是一个复杂的金融系统，对股票价格走势的研究目前主要有两种方法，即定性分析和定量分析，也称为基本分析和技术分析。对股票市场波动性的研究目前在学术界仍然存在许多争论与分歧。当前对其进行描述的理论基础主要有两个：有效市场理论和分形市场理论。本书认为分形市场理论是有效市场理论的扩展，揭示了更具一般性的资本市场特性。分形市场理论为股票市场的定量分析揭示了一个新的方向。

聚类分析作为数据挖掘领域最有前途的研究方向，为股票时间序列的研究提供了新的思路和视野。时间序列聚类的算法很多，主要分为三类：基于原始数据的（Raw-data-based）聚类、基于特征的（Feature-based）聚类和基于模型的（Model-based）聚类。本书认为基于特征提取的方法主要应用于高维空间，特别是采样时间间隔短的数据，比如高频金融（股票）时间序列，经过特征提取后可以有效地去噪和降维。因此本著作抽取了 LE、时域特征、频域特征等共计 12 个全序列特征，提出了一种改进的聚类算法——用减聚类获取初始聚类中心的 CURE 聚类算法，并用该算法对股票日收盘价构成的长时间序列进行聚类。

第三章

长时间序列的重新描述

随着科学技术的不断发展，计算机以及存储设备的存储容量日益增大，时间序列数据库也越来越大，因此产生了大量的长时间序列。由于长时间序列的数据量太大而且维度很高，对于不同领域的时间序列很难定义统一的相似度量公式，因此用普通的时间序列数据挖掘工具直接对原始的长时间序列进行聚类很难达到理想的效率，而且代价高昂。为此，许多研究人员提出了各种表示方法来对时间序列进行重新描述。目前，提取时间序列的特征来描述原时间序列成为一个重要的途径①，这样用少量特征来描述大型时间序列可以压缩时间序列数据、降低时间序列的维度，从而可以大大降低聚类计算过程，提高长时间序列数据挖掘的效率。

第一节　时间序列的重新描述概述

在时间序列聚类领域，国内外的研究人员已经提出了不同方法对时

---

① WANG X Z，SMITH K A，HYNDMAN R J. Dimension reduction for clustering time series using global characteristics. [C] // ICCS 2005. Atlanta, Georgia, USA：ICCS, 2005：792 – 795.

间序列进行重新描述。有些文献①将时间序列重新描述方法分为频域表示法、界标模型（Landmarks，又称为标志点表示法）、分段线性化描述和趋势序列描述等几类。部分文献②③也对各种各样的重新描述方法进行了总结分类，如图 3 - 1 所示。有的文献④对时间序列重新描述方法的作用和选择原则进行了概括。有的文献⑤⑥⑦对各种时间序列重新描述方法进行了介绍和比较研究。

第二节　时间序列重新描述方法分类

目前已有的时间序列重新描述方法主要有离散傅里叶变换（Discrete Fourier Transform，DFT）、奇异值分解（Singular Value Decomposition，SVD）、离散小波变换（Discrete Wavelet Transform，DWT）、动态

① 王晓晔. 时间序列挖掘中相似性和趋势预测的研究 ［D］. 天津：天津大学，2003.

② RATANAMAHATANA C, KEOGH E, BAGNALL T, et al. A Novel Bit Level Time Series Representation with Implication of Similarity Search and Clustering ［C］//Proceedings Of Advances in Knowledge Discovery and Data Mining, 9th Pacific – Asia Conference, PAKDD 2005. Hanoi, Vietnam: PAKDD, 2005: 771 – 777.

③ MOERCHEN F. Time Series Knowledge Mining ［C］// Proceedings of the 12th ACM SIGKDD international conference on Knowledge discovery and data mining. New York, NY: ACM Press, 2006.

④ 曲吉林. 时间序列挖掘中索引与查询技术的研究 ［D］. 天津：天津大学，2006.

⑤ HOPNER F. Time Series Abstraction Methods – A Survey ［C］//Proceedings of the GI Jahrestagung Informatik, Workshop on Knowledge Discovery, in Databases. Dortmund, Germany: the GI Jahrestagung Informatik, Workshop on Knowledge Discovery, in Databases, 2002: 777 – 786.

⑥ ANTUNES C, OLIVEIRA A. Temporal Data Mining: An overview ［C］// Proceedings Of KDD Workshop on Temporal Data Mining. San Francisco: KDD Workshop on Temporal Data Mining, 2001: 1 – 13.

⑦ ZHU Y Y. High Performance Data Mining in Time Series: Techniques and Case Studies ［D］. NY: New York University, 2004.

时间伸缩算法（Dynamic Time Warping，DTW）、分段累积近似（Piece-wise Aggregate Approximation，PAA）、分段多项式表示（Piecewise Polynomial Representation，PPR）、分段线性近似（Piecewise Linear Approximation，PLA）、适应性分段常数近似法（Adaptive Piecewise Constant Approximation，APCA）、符号近似法（Symbolic Approximation，SAX）以及界标模型（Landmarks）等[1][2]，其中 PAA、PPR、PLA、APCA 都属于分段线性表示法（piecewise linear representation，PLR），如图 3-1 所示。

一、基于模型的方法（Model – Based Representation）

基于模型的时间序列数据表示是基于假设时间序列数据是由某个模型生成的，按照"最相似"的原则得到序列所对应的初始模型集。模型被用来与数据拟合，并计算出相应的模型参数，这些参数也会在之后的数据挖掘过程中起到重要的作用。目前，所使用的模型有马尔科夫（Markov）模型、隐马尔科夫模型（Hidden Markov Model，HMM）[3]、自回归滑动平均（Auto Regressive Moving Average，ARMA）模型[4]和高斯

---

[1] 贾澎涛，何华灿，刘丽，等．时间序列数据挖掘综述［J］．计算机应用研究，2007，24（11）：15–18，29.

[2] KEOGH E. Tutorial on time series ［C］//Proceedings of The 2001 IEEE International Conference on Data Mining，San Jose，CA：the 2001 IEEE International Conference on Data Mining，2001.

[3] PANUCCIO A，BICEGO M，MURINO V. A Hidden Markov Model – based approach to sequential data clustering ［C］// CAELLI，AMIN A，DUIN R P W，et al. Proceedings Joint IAPR International Workshops Structural，Syntactic，and Statistical Pattern Recognition. Berlin：Springer，2002：734–742.

[4] BAGNALL A J，JANACEK G J. Clustering time series from ARMA models with clipped data ［C］// Proceedings of The 10th ACM SIGKDD. Seattle，WA，USA：SIGKDD，2004.

Time Series Representations

Model Based
- Hidden Markov Models
- Statistical Models

Data Adaptive
- Sorted Coefficients
- Piecewise Polynomial
  - Piecewise Linear Approximation
    - Interpolation
    - Regression
  - Adaptive Piecewise Constant Approximation
- Singular Value Decomposition
- Symbolic
  - Natural Language
  - Strings
    - Symbolic Aggregate Approximation
    - Non−Lower Bounding
      - Value Based
      - Slope Based
- Trees

Non−Data Adaptive
- Wavelets Orthonormal
  - Haar
  - Daubechies
- Random Mappings Bi−Orthonormal
  - Coiflets
  - Symlets
- Spectral
  - Discrete Fourier Transform
  - Discrete Cosine Transform
  - Chebyshev Polynomial
- Piecewise Aggregate Approximation

Data Adaptive
- Grid
- Clipped Data

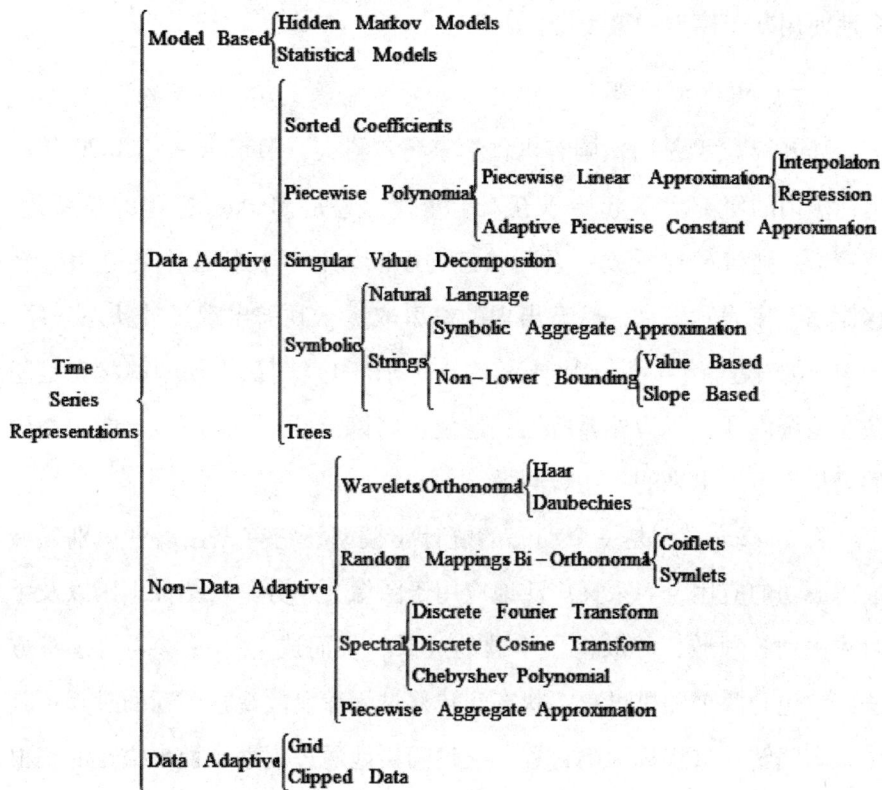

图 3 − 1　时间序列表示方法分类

模型①等。其中，HMM 用于符号型时间序列和数值型时间序列数据的表示，而最常用的表示数值型时间序列数据的模型则是 ARMA 模型。基于概率模型的时间序列聚类是将数据序列空间映射到模型空间，然后在模型空间应用现有的各种聚类算法。近年来对时间序列的聚类研究更

① RATTRAY M. Model − based distance for clustering ［C］//Proceedings of the IEEE − INNS − ENNS International Joint Conference on Neural Networks，2000（4）：13 − 16.

多地使用基于模型的聚类分析①②。

（一）Markov 模型

Markov 模型是由俄国有机化学家马尔科夫（Markov）于 1870 年提出，国内的研究大多起始于五六十年代，它是 Markov 过程的模型化，把一个总随机过程看成一系列状态的不断转移。其特征主要是用"转移概率"来表示，后一状态出现的概率取决于其前出现过的状态次序。隐 Markov 模型（Hidden Markov Model，HMM）则认为模型的状态是隐藏在系统内部，不为外界所见（这便是"隐"得名的由来），能观测到的只是它表现出来的一些观测量。

隐 Markov 模型是一个动态的统计学模型，它首先在语音识别领域取得成功的应用，后来又广泛地应用于图像文理分割、图像编码以及手写体识别等领域，并取得了丰硕的成果，从而成为一种重要的建模方法。它包含两个随机过程：状态间转移过程和发散观察序列的过程。其中状态间转移过程称为隐过程，它是间接地通过观察序列来描述的。根据观察符号产生方式的不同，隐马尔科夫模型分为离散的和连续的两种。

Markov 模型和隐 Markov 模型的应用非常广泛。邢永康、马少平③将 Markov 模型用于聚类，提出了一种新的基于 Markov 模型的动态聚类算法，该算法首先对每一个时间序列建立一个描述其动态特征的 Markov 模型，从而把对时间序列的聚类问题转化为对 Markov 模型的聚类问

---

① JI X L, LI L J, SUN Z R. Mining gene expression data using a novel approach based on hidden Markov models ［J］. FEBS Letters, 2003, 542（1－3）: 125－131.

② 段江娇，薛永生，林子雨，等. 一种新的基于隐 Markov 模型的分层时间序列聚类算法 ［I］. 计算机研究与发展，2006, 43（1）. 61 67.

③ 邢永康，马少平. 一种基于 Markov 链模型的动态聚类方法 ［J］. 计算机研究与发展，2003, 40（2）: 129－135.

题，然后通过定义各个 Markov 过程之间的"距离"，采用动态聚类算法完成对这些 Markov 模型的聚类。文献①将隐 Markov 模型用于 web 网页预取。该方法借助隐 Markov 模型，挖掘蕴含在用户访问路径中的信息需求概念，以此进行预取页面的评价，最终实现基于语义的网页预取。有一文献②将隐 Markov 模型用于符号序列的聚类上，其基本思路是认定所研究数据来自包含 K 个不同概率分布总体的混合模型，满足独立同分布条件。吕昱和程代杰③提出基于隐 Markov 模型的符号序列自组织聚类，即利用隐 Markov 模型表达聚类，利用批处理自组织特征映射聚类算法对符号序列进行聚类，避免聚类数目 K 不易确定的问题，并引入隐 Markov 模型间相似性度量的办法，从而观察聚类的最终结果。

（二）ARMA 模型

ARMA 是最基本、实际应用最广的时间序列模型，对它的研究由来已久。它是由美国统计学家鲍科斯（G. E. P. Box）和英国统计学家詹金斯（G. M. Jenkins）在 20 世纪 70 年代提出的时间序列分析模型，即自回归移动平均模型。对于平稳、正态、零均值的时间序列 $\{y_t\}$（$t = 1$, $2, \cdots, n$），若 y_t 的取值不仅与其前 n 步的各个取值 $y_{t-1}, y_{t-2}, \cdots, y_{t-n}$ 有关，而且还与前 m 步的各个干扰 $\mu_{t-1}, \mu_{t-2}, \cdots, \mu_{t-m}$ 有关，则有：

$$y_t = \varphi_1 y_{t-1} + \varphi_2 y_{t-2} + \cdots + \varphi_p y_{t-p} + \mu_t - \theta_1 \mu_{t-1} - \theta_2 \mu_{t-2} - \cdots - \theta_q \mu_{t-q}$$

$$(3-1)$$

则称该时间序列 y_t 为 (p, q) 阶自回归移动平均模型，记为

① 许欢庆，王永成，孙强. 基于隐马尔可夫模型的 Web 网页预取［J］. 上海交通大学学报，2003，37（3）：404－407.

② CADEZ I V, HECKERMAN D , MEEK C, et al. Model－based Clustering and Visualization of Navigation Patterns on a Web Site［J］. Journal of Data Mining and Knowledge Discovery，2003，7（4）：399－424.

③ 吕昱，程代杰. 基于隐马尔可夫模型的符号序列自组织聚类［J］. 计算机科学，2006，33（8）：210－212.

$ARMA(p,q)$。其中，$\varphi_i(i=1,2,\cdots,p)$ 为自回归参数，$\theta_j(j=1,2,\cdots,q)$ 为移动平均参数，它们都是模型的待估参数。引入滞后算子 B，（3－1）式可以表示为：

$$\varphi(B)y_t = \theta(B)\mu_t \qquad (3-2)$$

作为 $ARMA(p,q)$ 的特例，如果 $\theta(B)=0$，则称时间序列 $\{y_t\}$（$t=1,2,\cdots,n$）为 p 阶自回归模型，记为 $AR(p)$ 模型；如果 $\varphi(B)=0$，则称时间序列 $\{y_t\}$（$t=1,2,\cdots,n$）为 q 阶移动平均模型，记为 $MA(q)$ 模型。

$ARMA(p,q)$ 是一元时间序列 $\{y_t\}$（$t=1,2,\cdots,n$）的自回归移动平均模型。如果时间序列为多元时间序列 $\{Y_t\}=\{y_{1t},y_{2t},\cdots,y_{lt}\}$（$t=1,2,\cdots,n$），则其对应的自回归移动平均模型为 $ARMAV(p,q,l)$。如果时间序列不是平稳的，那么其对应的自回归移动平均模型称为自回归综合移动平均模型，记为 $ARIMA(p,d,q)$。其中 d 为差分运算阶次。

二、非数据适应法（Non – Data – adaptive Representation）

非数据适应表示是指用数据独立的转换方法和系数选择，把时间序列映射到不同的空间来表示，这种方法在很大程度上是为了对数据进行降维①。小波表示法和谱表示法都是将数值型时间序列表示成某一函数空间中的系数。前面提到的 DFT、DWT、PAA 等都属于非数据适应表示方法，下面要对它们进行详细的介绍。其中，DFT 和 DWT 方法的基本原理相同，它们都是时频分析变换，就是使用函数中前 k 个系数来表示一个时间序列的低频成分，把高频成分作为噪声来处理。当时间序列信号主要由低频成分组成时，采用基于非数据适应的 DFT 和 DWT 表示

---

① KEOGH E, CHAKRABARTI K, PAZZANI M J, et al. Dimensionality reduction for fast similarity search in large time – series databases ［J］. Knowledge and Information Systems，2001，3（3）：263－286.

方法就可以在保持较低误差的前提下得到很高的压缩比。否则就要采用后面介绍的基于数据适应的表示方法[1]。

（一）离散傅里叶变换（DFT）

离散傅里叶变换是傅里叶变换的变种之一，将连续时间的傅里叶变换在时域内离散化就是离散傅里叶变换。其基本思想就是将时间序列看作一个离散信号，将其分解成有限个正弦函数和余弦函数的加权和，其中三角函数的相值表示频率，幅值表示频率的大小，组成傅里叶系数。通常傅里叶变换前集中了信号的大部分能量，而且这 k 个离散傅里叶系数就能够较好地保持时间序列的主要形态。因此，一般选择前 k 个离散傅里叶系数来表示该时间序列，这就将时间序列从时间域变换到频率域空间。并且用区区 k 个离散傅里叶系数表示时间序列，实现了对长时间序列的压缩，降低了时间序列的维度。离散傅里叶变换支持 R^* 树等各种高维索引方法，能够保持欧氏距离不变性，保证了查询的完备性。有一文献[2]在全序列匹配问题中采用离散傅里叶表示方法获得了很好的性能。此后，许多研究人员拓展和改进了时间序列的离散傅里叶变换表示方法[3][4]。

由上述论述可以得出离散傅里叶变换的两个优点。第一，可以对时

①　MÖRCHEN F. Time series feature extraction for data mining using DWT and DFT：Technical Report 33 ［R］. Marburg, Germany：Department of Mathematics and Computer Science, Philips - University , 2003.

②　AGRAWAL R , FALOUSTSOS C , SWAMI A. Efficient similarity search in sequence databases ［C］//PROC. Of the 4th Int' 1 Conference on Foundation of Data Organization and Algorithms. London：Springer Verlag, 1993：69 - 84.

③　KAM K, CHU W, WONG M H. Fast time - series searching with scaling and shifting ［C］// Proceedings of the eighteenth ACM SIGMOD - SIGACT - SIGART symposium on Principles of database systems. New York：ACM Press, 1999：237 - 248.

④　LAMAND S K, WONG M H. A Fast Projection Algorithm for Sequence Data Searching ［J］. Data and Knowledge Engineering, 1998, 28 (3)：321 - 339.

间序列进行高效降维。离散傅里叶变换一般选择前 k 个离散傅里叶系数来表示一个时间序列，这样就避免与解决了高维数据挖掘中存在的"维灾（Dimension Curse）"问题；第二，由于离散傅里叶变换能够保持欧氏距离的不变性，两个时间序列间的欧氏距离在时域和频域上都可以保持不变，这样，当一些比较小的离散傅里叶系数被舍弃后，时间序列在频域上的欧氏距离将不大于时域的欧氏距离，从而保证了基于离散傅里叶变换的时间序列相似性查询的完备性。

离散傅里叶变换也存在一定的缺点。由于离散傅里叶变换平滑了原始序列中局部极大值和局部极小值，导致了许多重要信息（尤其是局部特征）的丢失，例如，对于股票价格长时间序列而言，它们可能是双顶或双底。此外，离散傅里叶变换对时间序列的平稳性具有比较高的要求，因此并不适用于非平稳时间序列，也就不适合本书的股票价格长时间序列。为了解决离散傅里叶变换导致局部特征丢失的问题，提出了离散小波变换的概念。

（二）离散小波变换（DWT）

离散小波变换（Discrete Wavelet Transform，DWT）的原理同离散傅里叶变换基本类似，它是为改进离散傅里叶变换的局部特征丢失问题而提出的。与离散傅里叶变换相比，离散小波变换是时间和频率的局部变换，能更加有效地提取和分析局部信号，包含了频率信息和时间信息；而离散傅里叶变换表示是对信号的整体变换，它仅仅考虑了频率信息。另外，离散傅里叶变换用前几个系数表示一个时间序列，后面的离散傅里叶系数全部舍弃。与离散傅里叶变换不同的是，离散小波变换虽然也是用前几个系数代表一个时间序列的一个粗糙的全局近似，但它的其他系数对该时间序列的细节做进一步描绘，这一特性在对数据做多分辨率解析时非常有用，是一种较好的有损压缩。对于给定的时间序列，如果离散小波变换和离散傅里叶变换保留相同数目的系数，那么前者能保留更精确的近似局部细节。因此，离散小波变换在很多具体应用中要比离散傅里叶变换更加有效①。

有的文献②对这两种表示方法进行了比较，认为在相似性查询问题上两种表示方法性能相当，但是离散小波变换计算更为迅速。

虽然同离散傅里叶变换类似，离散小波变换支持各种 R 树等高维索引，具有欧氏距离不变性，保证了查询的完备性，但其处理的时间序列长度必须是 2 的整数次方，对于长度不定的时间序列却不适用，而且不支持带有权重的距离度量。

针对离散小波变换方法存在的缺点，近年来，有些学者将其与其他技术相结合，取得了可喜的效果。有的文献③设计了二分频率变换和相应的距离函数，经过其处理，系统具有了更高的过滤能力，而且解决了处理长度不定查询的问题。

（三）分段累积近似法（Piecewise Aggregate Approximation，PAA）

分段累积近似法是在分段线性近似（参见数据适应法）的基础上

①　CHAN K，FU W. Efficient time series matching by Wavelets ［C］//Proceedings of 15th IEEE International Conference on Data Engineering. Sydney，Australia：15th IEEE International Conference on Data Engineering，1999：126 – 133.

②　WU Y L，AGRAWAL R，ABBADI A E. A comparison of DFT and DWT based Similarity Search in Time Series Databases ［C］//Proceedings of 9th International Conference on Information and Knowledge Managements. New York：ACM Press，2000：488 – 495.

③　王国仁，葛健，徐恒宇，等. 基于二分频率变换的序列相似性查询处理技术 ［J］. 软件学报，2006，17（2）：232 – 241.

分别由基奥①和易②（Keogh & Yi）独立提出。其基本思想是：将时间序列等宽度划分，每个子序列段用时间序列在该子序列段上的平均值来表示。这种分段方法简单、直观，对时间序列的长度不做要求，适用于所有的 Minkowski 度量以及加权欧氏距离，而且能够用于索引以提高查询的效率。同离散傅里叶变换一样，分段累计近似法平滑了时间序列的局部特征。原始数据的变化频率越高，变化幅度越大，这种平滑作用越明显，因此信息遗漏越多。

此后，段（Duan）等③提出了一种基于网格的 PAA 表示方法，查询准确性比分段累积近似法有一定的提高。有文献④对分段累积近似法进行扩展，提出了多分辨率 PAA（multi‑resolution PAA，MPAA）。

三、数据适应法（Data‑adaptive Representation）

数据适应法依赖于时间序列集中的某个时间序列或者全部时间序列的数据值进行系数的选择。前面提到的时间序列表示方法 SVA、PLA、APCA、SAX 等都属于数据适应表示方法。另外，对于前文提到的离散傅里叶变换 DFT 和离散小波变换 DWT 方法，如果在选取函数系数时选

---

① KEOGH E，CHAKRABARTI K，PAZZANI MOTRA，et al. Dimensionality Reduction for Fast Similarity Search in Large Time Series Databases［J］. Knowledge and Information Systems，2001，3（3）：263 – 286.

② YI B K，FALOUTSOS C. Fast Time Sequence Indexing for Arbitrary Lp Norms［C］// Proceedings of the 26th International Conference on Very Large Databases. Cairo，Egypt：the 26th International Conference on Very Large Databases，2000：385 – 394.

③ DUAN G F，YU S，KAWAGOE K. GRID Representation for Efficient Similarity Search in Time Series Databases［C］//Proceedings of the 2006 22nd International Conference on Data Engineering. The 22nd International Conference，2006：123.

④ LIN J，VLACHOS M，KEOGH E，et al. A MPAA – based iterative clustering algorithm augmented by nearest neighbors search for time – series data streams［C］//HO T B，Cheung D，Liu H. Proceedings of the 9th Pacific – Asia Conference on Knowledge Discovery and Data Mining（PAKDD05）. Berlin：Springer，2005：333 – 342.

用的是最大系数而不是前 k 项系数，那么基于非数据适应的 DFT 或 DWT 方法就可以表示成相应的数据适应表示形式①。数据适应表示方法在一定程度上保留了数据中比较显著的部分特征，直觉上对整个时间序列数据挖掘系统有较大帮助，因而受到了较为广泛的关注。

总的来说，依赖于数据的表示方法在一定程度上保留了数据中比较显著的部分特征为后续分析所用，直觉上可以对整个系统的性能有较大帮助，因而受到了较为广泛的关注。

（一）奇异值分解法（SVD）

奇异值分解法（Singular Value Decomposition，SVD）是由科恩（Korn）等人②提出的一种时间序列变换方法。它是一种常见的降维方法。与其他的时间序列表示方法不同，奇异值分解法是一种对整个时间序列数据集的整体表示方法。它首先对整个数据集中的所有时间序列进行分析，使得第一条坐标轴对应最大的方差，第二条坐标轴对应次大的方差并与之前的坐标轴正交，依次得到所有的坐标轴，这样就构成了新的坐标体系，然后根据这些坐标轴将时间序列从原始空间变换到新的坐标空间。另外，奇异值分解法是一种线性变换，因此，在数据重构上误差最小，这使得奇异值分解法在一些情况下能够取得很好的性能。

较其他方法优越的是，奇异值分解法的变换是全局的，而其他方法是局部的，这样，奇异值分解法能够生成几个最有可能代表原始序列的特征向量，从而保证了原始时间序列的信息不容易被丢失。如果希望重

---

① MÖRCHEN . Technical Report 33：Time series feature extraction for data mining using DWT and DFT ［R］. Marburg, Germany ：Department of Mathematics and Computer Science, Philips University , 2003.

② KORN F, JAGADISHH V, FALOUTSOS C. Efficiently Supporting ad Hoc Queries in Large Datasets of Time Sequences ［C］//Proceedings of the 1997 ACM SIGMOD International Conference on Management of Data. Tucson：The 1997 ACM SIGMOD International Conference on Management of Data，1997：289 – 300.

建这些数据，奇异值分解法能够将重建误差控制在最小。但是，由于奇异值分解法的时间复杂度很高，并且当插入或删除一条时间序列时，所有时间序列的奇异值分解都必须重新计算，所以这种表示方法的时间代价很高。

（二）分段线性近似（Piecewise Linear Approximation，PLA）

直观上讲，分段线性近似表示方法就是用一系列首尾相接的线段近似地表示每个时间序列，并用分段误差决定分段的数量。分段误差引入两个阈值来决定分段的数量——最大误差阈值（max - error）和误差总和阈值（total - error），它们可以在处理过程中通过用户指定。最大误差阈值（max - error）法要求每个分段的最大误差不大于阈值（max - error），而误差总和阈值（total - error）法是指全体分段的误差之和不大于阈值（total - error）。根据这两种决定分段数量的方法，分段线性近似可以分为移动窗口分段、自顶向下分段和自底向上分段三种情况。分段线性近似是一种很好的数据压缩和消除噪声的方法，而且具有时间多解析性等特点。

（三）适应性分段常数近似法（Adaptive Piecewise Constant Approximation，APCA）

适应性分段常数近似法是基奥（Keogh）等①提出的。其基本思想是：根据时间序列变化利用阈值控制来自动对时间序列进行分段，每个子序列段用该子序列段上各个数值点的平均值来表示。具体步骤是：从时间序列的第一个数值点开始分段，依次计算每个数值点与当前段起始

---

① KEOGH E，CHAKRABARTI K，MEHROTRA S，et al. Locally Adaptive Dimensionality Reduction for Indexing Large Time Series Databases [J]. ACM Transactions on Database Systems，2002，27（2）：188 - 228.

数值点的差值，如果某个数值点与当前段起始点的差值超过给定的阈值，则在此点分割，开始下一个分段，直到结束。适应性分段常数近似法可以支持动态弯曲距离等其他相似性度量。这种方法同分段累积近似法PAA 相比，分段误差较小，但不足的是，也平滑了时间序列的局部特征。

（四）符号化近似表示法（Symbolic Approximation，SAX）

最初，时间序列符号化表示是基于 PAA 法提出的一种将时间序列数据离散化的表示方法，因其具有离散化、非实数表示的特点而得到广泛的关注。其基本思想是将数值型时间序列依据某种变化规则变换成由离散符号表示的符号序列。

有些文献①对 SAX 方法进行了扩展，在 PAA 的基础上，增加每段的极大值和极小值，提出了 ESAX 表示法，并应用到金融等领域；蒋嵘和李德毅等②提出了云模型的时间序列形态概念树，其核心是用符号表示时间序列各段的变化趋势和形态；曾海泉③对时间序列进行分段符号化后采用互关联后继树建立索引。

四、数据控制法（Data – dictated Representation）

数据控制法实际上可以看作数据离散化的过程。在这种表示形式中，数据的表示粒度和表示结果的大小是自动决定的。数据离散化的方法很多，前面提到的适应性分段常数近似法 SAX 就是其中的一种。此

① LKHAGVA B, SUZUKI Y, KAWAGOE K. New Time Series Data Representation ESAX for Financial Applications ［C/OL］//Data Engineering Workshops. Proceedings of 22nd International Conference. IEEE Xplore，2006 – 04 – 24.

② 蒋嵘，李德毅. 基于形态表示的时间序列相似性搜索［J］. 计算机研究与发展，2000，37（5）：601 – 608.

③ 曾海泉. 时间序列挖掘与相似性查找技术研究［D］. 上海：复旦大学，2003.

外，有些文献①中描述了一种基于两维规则网格的方法，将数据按照规则网格划分的网格存放，最后用网格来代替具体的数值实现离散化。有文献②则采用了剪切方法对时间序列数据进行离散化。这种方法的主要思想是将每个时间序列离散成一个二进制串。其主要优点是由于该算法对内存要求不高并且处理速度快，因此可以对巨型数据库进行处理，该方法对时间序列中的异常数据具有较好的鲁棒性。

信号相空间表示方法是来自非线性时间序列分析的一个概念。它也是数据离散化的一种方法。该方法通过对生成观测时间序列的动态系统的状态空间进行重构，将时间序列转化成一组空间向量。对于时间序列 $\{x_i\}$（$i = 1, 2, \cdots, n$），重构其相空间为：

$$Y_i = [x_i, x_{i+\tau}, \cdots, x_{i+(m-1)\tau}] \quad (i = 1, 2, \cdots, N) \tag{3-3}$$

其中，m 为嵌入维数，τ 为延迟时间，$N = n - (m-1)\tau$，$Y_i(i = 1, 2, \cdots, N)$ 是相空间中的一个相点。有一文献③采用了两维相空间表示法来发现时间序列的异常数据和拐点。

时间序列重新描述方法还有很多，孙梅玉等人④提出了一种基于 MBR 的高效的时间序列表示方法。这种离散化的过程采用了一个中间的媒介。该方法首先用最小边界矩形（MBR）对时间序列进行重新表示，然后符号化每个 MBR，最后将每个符号化了的 MBR 转化成一个二进制符号串。

①　AN J Y, CHEN Y P P, CHEN H X. DDR：An index method for large time series datasets ［J］. Information Systems, 2005, 30（5）：333 – 348.

②　BAGNALL A, JANAKEC G, ZHANG M. Clustering time series from mixture polynomial models with discretised data：Technical Report CMP – C03 – 17 ［R］. Norwich, UK：School of Computing Sciences, University of East Anglia, 2003.

③　MORIK K, IMBOFF M, BROCKHAUSEN P, et al. Knowledge discovery and knowledge validation in intensive care ［J］. Artificial Intelligence in Medicine, 2000, 19（3）：225 – 249.

④　孙梅玉，唐漾，方建安. 一种基于 MBR 的高效的时间序列表示方法 ［J］. 计算机工程与应用, 2008, 44（16）：135 – 138.

第三节 基于全序列特征的长时间序列描述方法

虽然时间序列表示方法取得了一定的进步，但还有很多不足之处。很多时间序列表示方法均表现出在某一方面强但在另外的很多方面很弱的特点，很多方法是在增加空间开销的前提下提高准确率的。

针对基于距离的比较方法和基于离散傅里叶变换的时间序列相似性匹配的缺点，人们提出一类新的方法——基于特征概念的相似性研究①。这种方法首先从原始时间序列中提取有价值的特征构成特征向量，然后对生成的特征向量进行相似性度量，以此来比较时间序列之间的相似度，本书采用的就是这种方法。

以往研究人员在对时间序列进行分类和聚类时，通常先根据用户指定的模式长度和时间粒度，对原始时间序列进行分割，形成长度一致或长度不一的诸多子序列，然后用传统的方法对子序列集进行聚类和分类分析。这种方式是针对单个时间序列进行的，不适合在一组时间序列之间进行聚类，因此不是本书研究的对象。

本书是对一组长时间序列构成的数据集进行聚类，采用全局特征向量来描述原时间序列。全局特征向量描述时间序列是先提取每个时间序列的能完整表示原始时间序列的各种特征构成特征向量，用构成的特征向量重新描述原始时间序列。由于相对于原始时间序列而言，特征向量的长度要小得多，因此采用这种方式既较完整地保留了原始时间序列的主要信息，又可以有效地实现维度简约，从而降低聚类计算过程的复杂度。这种方法

---

① CHUNG F L, FU T C, ROBERT W P. An Evolutionary Approach to Pattern – Based Time Series Segmentation ［J］. IEEE Transaction On Evolutionary Computation, 2004, 8 (5): 471 – 489.

对于维度越高的长时间序列越有效，因此非常适合本著作的股票价格长时间序列的聚类。另外，利用全局特征向量对长时间序列进行聚类，能在很大程度上避免直接利用一些传统距离进行相似性度量带来的鲁棒性差的弊端。而且，全局特征的提取不必对时间序列做过多的假设，从而使该方法在很大程度上摆脱了领域知识的限制，因此广泛适用于多个领域。

在目前对时间序列的研究中，统计分布特征、非线性分析和 Fourier 频谱转换得到了广泛关注，本著作选择时间序列的三类数学特性，即时间序列的时域特性、频域特性和混沌特性。在每一类特性中再确定一个或几个有代表性的特性共计 12 个特性进行计算。这 12 个特性分别为趋势、周期性、序列相关性（自相关和偏相关）、幅值平方和、方差、峰值、谷值、偏度、峰度、总功率谱和混沌性。

由于长时间序列跨越的时间段较长，有时甚至可能具有无限长度，因此这类特殊数据具有高维甚至是超高维的特征，在时间序列挖掘中，常常带来"维灾"的问题，致使许多传统的相似性查找方法已经不能直接用于长时间序列的相似性查找。并且随着长时间系列维数的升高，索引的效率会大大降低，在某些情况下相似性查找甚至经常失去意义。因此大多数相似性查找的方法是，首先用某种维度简约的方法对长时间序列进行降维，然后对降维处理得到的时间序列进行相似性度量。目前常见的时间序列降维方法有离散傅里叶变换（DFT）、离散小波变换（DWT）、逐段线性描述（piecewise Linear representation，PLR）等。

第四节　本章小结

传统的描述时间序列的方法是用时间序列的全部数据来描述的，但对于海量的股票时间序列来说这种方法已经不适合了，提取股票时间序列的特征来描述原序列成为一个重要的途径。一方面可以通过用少量特征来描述股票等长时间序列，大大降低时间序列聚类计算过程中的复杂度，节省了空间资源和时间资源；另一方面，人们对股票数据进行分析关心的不是数据的细节，而是股票价格蕴含的规律和变动趋势，这样可以得到更为合理的结果。

本章对时间序列重新描述的方法进行了详细的概括和总结，并进行了比较与分析。本专著采用全局特征向量来描述原时间序列，不仅可以保留原始时间序列的主要信息，而且可以大大降低聚类计算过程的复杂度。在目前对时间序列的研究中，统计分布特征、非线性分析和Fourier频谱转换得到了广泛关注。本书选择时间序列的三类数学特性，即时间序列的时域特性、频域特性和混沌特性，从这三个方面提取了股票价格长时间序列的 12 个全局特征，进而构建股票价格长时间序列的全局特征向量。

第四章

股票价格长时间序列的去噪处理

金融市场中存在着各种偶然因素的影响，这使得金融数据，尤其是金融时间序列数据中存在许多噪声。这些噪声严重影响了对金融数据的进一步分析和处理，所以获取到金融数据后首先必须对其去噪。

股票市场数据是金融数据的典型代表。股票长时间序列由低频的趋势性成分、周期性成分和高频的细微波动组成，这些细微波动就是所谓的噪声。在实际情况下，由于各个产生时间序列的系统非常复杂，其形成、发生、发展的全过程受到众多复杂因素的影响，因此观测数据不可避免地会被噪声污染，严重的污染甚至会淹没观测数据的内在本质特征，这就是股市运行中经常会出现的"骗线"，运用这些被污染的数据所做出的分析及预测不可避免地会偏离实际。股价指数编码的不合理性、机构大户的造市行为，以及诸多外在冲击影响造成股市的强烈波动，使得股价（股指）表现为高噪声。所以，在对股票价格长时间序列进行聚类分析前，进行去噪处理是非常重要而且是必需的。股票价格长时间序列的去噪方法有很多，运用较多的是傅里叶变换和小波变换的去噪方法。小波变换的去噪方法因其擅长信噪分离、去噪效果好，并且适合于处理非平稳时间序列，因此在证券市场得到了日益广泛的运用，渐渐成为主要的去噪方法。本著作采用的就是小波去噪的方法。

第一节　长时间序列去噪方法

　　传统的去噪方法主要包括线性滤波方法和非线性滤波方法，如中值滤波和维纳滤波等。这些方法通常是通过设置前置的低通、高通、带通或带阻滤波器来剔除噪声，滤波器的截止频率、通带、阻带等参数的设定，需要根据要求或实践经验而定。这种方法基于经典滤波理论的信号与噪声谱不重叠的原理。当信噪谱重叠比较严重时，往往达不到需要的去噪效果。而且，由于这些滤波方法会使信号变换后的熵增高，所以其无法刻画信号的非平稳特性并且无法得到信号的相关性。现代滤波理论由给定的某种最优准则，以时域的一次完成算法、递推算法或在频域对数据进行滤波，克服了经典滤波器的缺点，如维纳滤波、卡尔曼滤波。但是这些滤波方法是基于信号和噪声的先验统计数据的，信噪的先验统计数据在实际应用中往往很难或者无法得到。因此以维纳滤波和卡尔曼滤波为代表的现代滤波在实际应用中不能得以广泛地应用。

　　小波去噪将传统滤波器原理和小波分析理论结合到一起，克服了传统滤波方法带来的缺陷。由于小波分析适合处理非平稳的时间序列，因此，首先用小波分析代替傅里叶变换，小波基的正交性使小波变换快速算法的计算速度远远高于傅里叶变换速度；然后，小波函数的快速衰减性特别适合于信号瞬变信息（或奇异性）的检测；更重要的是，小波去噪引入了信号多分辨率分析的理论，把信号展开为不同尺度的小波分解，通过大小可变的时频窗口观察信号内部结构。

第二节 长时间序列的小波去噪方法分析

一、小波变换概述

小波分析（wavelet analysis）是当前应用数学、计算科学以及工程学科中非常活跃的一个分支。它具有自适应的时频窗口，可以同时在时域和频域表征信号的局部特征，因而能有效地从信号中提取信息。通过伸缩和平移等运算功能可在多尺度上对函数或信号进行细化分析，最终达到高频处时间细分、低频处频率细分，能自动适应时频信号分析的要求，解决了傅里叶变换不能解决的许多困难问题，如不能对非平稳时间序列进行处理。小波分析具有这样的特点：在低频部分具有较高的频率分辨率和较低的时间分辨率，在高频部分其频率分辨率则较低，而时间分辨率较高。因此适合对非平稳信号进行分析，也可对正常信号中夹带的瞬变反常信号进行探测和分析，被誉为信号分析的"显微镜"。它在信号分析、语音合成、图像识别、计算机视觉、数据压缩、地震勘探、大气与海洋波分析等方面的研究都取得了有科学意义和应用价值的成果；对数学、计算机科学、统计学以及计量经济学等学科的分析方法产生了强烈的冲击，具有深刻的理论意义和广泛的应用领域。

（一）小波的本质

小波（wavelet），顾名思义就是小的波形，即小区域的波。该波形长度有限、均值为 0，是一种非常特殊的波形。其主要特点是时域上具有紧支集或近似紧支集，其波动性正负交替。该方法是一种时频分析方法，其作用是把信号分解成一系列的小波函数，从而认为信号是由这些小波函数叠加构成的。这些小波函数具有长度有限、衰减快的特点，它们都是通过对一个母小波进行平移和尺度变换得到的。定义一个在实数轴上的函数 $\psi(x)$，如果该函数满足下面的两个条件：

$$\int_{-\infty}^{+\infty} \psi(x)\,dx = 0 \quad 和 \quad \int_{-\infty}^{+\infty} \psi^2(x)\,dx = 1$$

则该函数为小波。

一个小波如果满足

$$\int_{-\infty}^{+\infty} \psi(x)\psi(x-k)\,dx = 0, k \in Z, k \neq 0$$

则该小波为正交小波。正交小波是指由母小波 $\psi(x)$ 生成的 $\{\psi(x-k)\}$。

小波概念的出现最早起源于哈尔（Harr）在 1910 年提出的第一个小波规范正交基，这为后来小波分析方法的提出奠定了基础。直到 1974 年，小波规范正交基的概念才由法国从事石油信号处理的工程师莫雷特（J. Morlet）首先提出，当时未能得到数学家的认可。1978 年马莱（Mallat）提出了多分辨分析的概念及小波分解和重构算法，该算法后来以他的名字进行命名。1984 年，莫雷特（Morlet）和葛罗斯曼（Grossman）提出了连续小波变换的概念。麦尔（Mayer）则于 1986 年创造性地给出了正交小波函数，该函数是一种具有一定的衰减性的光滑函数。两年后，年轻的女数学家多贝茜（Daubechies）在此基础上提出了具有紧支撑的光滑正交小波基——Daubechies 基，从而使得对小波变换的研究取得了突破性进展。同年，多贝茜在美国主办的小波专题讨论会上进行了 10 次演讲，引起了广大数学家、物理学家甚至某些企业家的重视，由此小波的理论和实际应用被推向一个高潮。自此以后，有关小波的研究不断取得重大突破，小波分析已经成为目前发展最快和最引人注目的学科之一，几乎涉及或者应用到信息领域的所有学科。1990

年崔锦泰和王建忠构造了基于样条函数的单正交小波函数，并对具有优良局部化性质的尺度函数和小波函数进行了深入的讨论。1991 年，阿尔伯特（Alpert）和罗克林（Rokhlin）首次进入了多小波理论的范畴，他们构造出 r（$r \geq 2$）个尺度函数，其中每个尺度函数都是支撑在 $[0, 1]$ 上的 $r-1$ 次多项式。1994 年，古德曼（Goodman）等人基于 r 重多分辨分析，给出多小波的基本理论框架，并构造了几个多小波的例子，自此多小波成为相关学者研究的热点。值得注意的是 20 世纪 90 年代中期提出的提升方法和多小波理论。自构造出 GHM 多小波后，多小波因其对称、紧支撑、正交等自身的优点而引起了众多研究人员的关注。近年来，高维小波理论的研究为许多研究人员所关注，有许多课题正处于研究当中。

20 世纪 90 年代以来，随着小波分析方法的日益成熟，小波分析方法被逐渐应用到统计学和时间序列的分析当中来，并迅速成为一个研究热点。在时间序列分析当中，小波分析方法是传统的傅里叶分析方法的改进和补充。傅里叶分析方法适合于分析平稳的时间序列，但金融时间序列大多是非平稳的，传统的傅里叶分析方法已不再适用，而小波分析方法正好能够分析非平稳时间序列，所以小波分析方法在股票价格时间序列分析当中的应用范围和深度日益增加。

（二）连续小波变换①

为了对突变信号和非平稳信号进行有效的分析和处理，引入了小波及小波变换理论。其核心思想是：利用小波的压缩、放大和平移功能，人们可以按不同的时频分辨率对信号的动力学行为进行研究，这样既能看到信号的全貌，又能看清信号的细节的作用和特征。这是由于小波变换具有一个自动随频率变换的时频窗口。在实际应用中，窄的时频窗可

---

① 秦前清，杨宗凯. 实用小波分析［M］. 西安：西安电子科技大学出版社，1998.

以更精确地描述信号的高频成分，反之，宽的时频窗则有利于对信号低频特性的分析。由此引入了连续小波变换的定义。

1. 连续小波变换的定义

$$W_\psi(f)(a,b) = |a|^{-1/2} \int_R f(t)\, \overline{\psi\left(\frac{t-b}{a}\right)} dt \tag{4-1}$$

其中，$f \in L^2, a, b \in R, a \neq 0$，参数 a 和 b 分别为尺度参数和平移参数，$\psi(t)$ 为一个基本小波或母小波函数，且其傅里叶变换 $\psi(\omega)$ 要满足下列的容许条件（又称为恒等分辨条件或完全重构条件）：

$$C_\psi = \int_R \frac{|\hat{\psi}(\omega)|^2}{|\omega|}\, d\omega < \infty \tag{4-2}$$

C_ψ 为小波常数。

式（4-2）的容许条件可知，函数 $\psi(t)$ 至少必须满足 $\psi(\omega = 0) = 0$，才可以作为母小波函数。$\psi(\omega = 0) = 0$ 隐含着下列信息：

第一，由 $\omega = 0$ 可知，$\psi(\omega)$ 具有带通性质。带通性质可使母小波函数能够产生时频窗；

第二，$\psi(0) = 0$

即

$$\int_R \psi(t)dt = 0 \tag{4-3}$$

式（4-3）即为母小波函数 $\psi(t)$ 的振荡性。其振荡性可使时频窗口随着频率而发生变化。

小波变换的时频窗口形状取决于参数 a。当参数 a 下降的时候，中心频率上升，频域窗口变宽，时域窗口变窄；当参数 a 上升的时候，中心频率下降，频域窗口变窄，时域窗口变宽。

2. 连续小波变换的性质

母小波可以有很多个，任何满足可容性条件的小波都是某一信号的母小波。(4-1) 式定义的小波变换具有下面几个重要性质①。

（1）时移性

如果有 $f(t)$ 的小波变换为 $W_f(a,b)$，存在 $f(t-\tau)$ 的小波变换为 $W_f(a,b-\tau)$，那么就认为该小波变换具有时移性。

（2）叠加性

小波变换的叠加性是指假如一个信号可以分解成不同尺度的多个分量，那么该信号的小波变换等于其不同尺度上的各个分量的小波变换之和。

（3）伸缩共变性

伸缩共变性是小波变换具有"数学显微镜"称号的原因。如果 $f(t)$ 存在小波变换 $W_f(a,b)$，那么 $f(ct)$ 就存在小波变换 $\dfrac{1}{\sqrt{c}}W_f(ca,cb)$；$c>0$，这表明当信号 $f(t)$ 在时间轴上按某一倍数进行伸缩时，其小波变换将在 a、b 两轴上按同一比例进行伸缩，但是不会出现失真。

（4）自相似性

对应于不同尺度参数 a 和不同平移参数 b 的连续小波变换之间是自相似的。

（5）冗余性

小波变换的冗余性也是一种自相似性，表现在以下两个方面。

①由连续小波变换恢复原信号的重构分式不是唯一的。也就是说，信号 $f(t)$ 的小波变换与小波重构不存在一一对应关系，而傅里叶变换

---

① ［美］崔锦泰. 小波分析导论 [M]. 程正兴，译. 西安. 西安交通大学出版社，1995.

与傅里叶反变换是一一对应的。

②小波变换的核函数即小波函数 $\psi_{a,b}(t)$ 有很多种，如它们可能是正交小波、非正交小波、双正交小波等，有时可以彼此线性相关。

3. 离散小波变换

上述的连续小波变换主要用于理论分析研究，因此其尺度参数 a 和平移参数 b 都是连续取值的。但是在实际的计算机实现时，参数 a 和 b 必须是离散的，相应的小波变换就是离散小波变换。

在连续小波中，考虑函数

$$\psi_{a,b}(t) = \frac{1}{\sqrt{|a|}}\psi\left(\frac{t-b}{a}\right) a \in R^+; b \in R; a \neq 0 \qquad (4-4)$$

则可对尺度参数 a 和平移参数 b 进行离散化。

（1）尺度的离散化

目前常用的尺度离散化方法使对尺度进行幂数级离散化，即令 a 取作：

$$a = a_0^j \qquad (4-5)$$

（2）位移的离散化

按式（4-6）对位移进行离散化：

$$b = ka_0^j b_0 \qquad (4-6)$$

其中，$j, k \in Z$，a_0 是大于 1 的固定伸缩步长，$b_0 > 0$ 且与小波 $\psi(t)$ 的具体形式有关，而 Z 为整数集。则对应的离散小波函数为：

$$\psi_{j,k}(t) = a_0^{-j/2}\psi(a_0^{-j}t - kb_0) \qquad (4-7)$$

其变换系数则可以用式（4-8）来表示：

$$C_{j,k} = \int_{-\infty}^{\infty} f(t)\psi_{j,k}^*(t)dt = \langle f, \psi_{j,k}\rangle \qquad (4-8)$$

该离散小波变换系数的重构公式为：

$$f(t) = C\sum_{-\infty}^{\infty}\sum_{-\infty}^{\infty}C_{j,k}\psi_{j,k}(t) \qquad (4-9)$$

C 是一个与信号无关的常数。

为了适应待分析信号的平稳性，小波变换必须具有可变的时间和频率分辨率，因此需要改变尺度参数和平移参数的大小，使小波变换具有"变焦距"的功能。在实际中常常采用二进制的动态采样网格实现这一功能。设 $a_0 = 2$，$b_0 = 1$，每个网格点对应的尺度为 2^j，平移为 $2^j k$，由此得到二进小波：

$$\psi_{j,k}(t) = 2^{-j/2}\psi(2^{-j}t - k)，\quad j,k \in Z$$

该二进小波变换为：

$$W_{2^j}f(k) = \langle f(t)，\psi_{2^j}(k)\rangle = \frac{1}{2^j}\int_R f(t)\psi^*(2^{-j}t - k)\,dt$$

相应的逆变换为：

$$f(t) = \sum_{j \in Z}\int W_{2^j}f(k)\psi_{2^j}(2^{-j}t - k)\,dk$$

（三）小波多尺度分析

1988 年马莱特（S. Mallat）在构造正交小波基时，提出了多分辨率分析（MultiResolution Analysis，MRA，又称为多尺度分析）的概念[1]，从空间的概念上形象地说明了小波的多尺度特性。多尺度分析将此前的所有正交小波基的构造法统一起来，并给出了正交小波的构造方法和正交小波变换的快速算法，即 Mallat 算法。马莱特提出了双尺度方程以及塔式分解算法，这些成果将滤波器组和小波紧密联系在一起，使得滤波器组与小波理论及设计有了非常紧密的联系。

马莱特提出的多尺度分析的主要思想：首先在平方可积函数空间 $L^2(R)$ 中选择一个子空间，在该子空间中建立起基底，然后对基底进行一系列简单的变换，将基底扩充到 $L^2(R)$ 的不同尺度空间中去。概括

---

① MALLAT S，ZHONG S. Characterization of signals from multiscale edges [J]. IEEE Transactions on Pattern Analysis and Machine Intelligence，1992，14（7）：710 –732.

来说，多尺度分析就是在一系列不同的尺度空间上对信号进行分解，由此，信号的特征通过不同的尺度表现出来。

多尺度分析的定义：构造 $L^2(R)$ 空间内的一系列闭合子空间 $\{V_j : j \in Z\}$，使它们满足以下几个性质：

①单调性：$\forall j \in Z, V_{j+1} \subset V_j$

②逼近性：$\bigcap\limits_{j=-\infty}^{+\infty} V_j = \{0\}$，$\bigcup\limits_{j=-\infty}^{+\infty} V_j = L^2(R)$

③伸缩性：$\forall j \in Z, f(t) \in V_j \Leftrightarrow f(2t) \in V_{j+1}$

④平移不变性：$\forall (j,k) \in Z^2, f(t) \in V_j \Leftrightarrow f(t-2^j k) \in V_j$

⑤正交基存在性：存在 $\varphi(t)$ 使 $\{\varphi(t-n)\}_{n \in Z}$ 是 V_0 的正交基，即

$$V_0 = -\overline{span\{\varphi(t-n)\}}, \quad \int_R \varphi(t-m)\varphi(t-n)dt = \delta_{m,n}$$

1989 年，马莱特从函数的多尺度率空间分解出发，在小波变换与多尺度分析之间建立了联系，并且提出一种使用二次镜像滤波器（QMF：Quadrature Mirror Filters）计算小波的快速算法，称为 Mallat 算法或快速小波变换，为小波分析的实用化做出了巨大贡献。

马莱特根据 $\{V_j : j \in Z\}$ 的一致单调性和伸缩性，得出快速小波变换的分解与重构算法。

分解算法为：

$$\begin{cases} (_H = \dfrac{1}{\sqrt{2}} \sum\limits_{j \in Z} C_j h_{j-2n} \\[3mm] (_G = \dfrac{1}{\sqrt{2}} \sum\limits_{j \in Z} G_j h_{j-2n} \end{cases} \qquad (4-10)$$

重构算法为：

$$C_n^{k-1} = \frac{1}{\sqrt{2}} \left(\sum_{j \in Z} C_j^k h_{n-2j} + \sum_{j \in Z} d_j^k h_{n-2j} \right) \qquad (4-11)$$

马莱特的分解与重建算法是非冗余的①。

二、小波去噪的基本原理

由于小波具有很多优点，因此人们很早就开始将其用于去噪处理。小波的多尺度分析特性在不同尺度上对信号进行多分辨率的分解，将含有不同频率的混合信号分解成不同频段的信号，这样就可使信号能按不同的频段分别进行处理。对于一些有用信号和噪声的频段相互分离的确定性，可直接将含噪声信号在某一尺度下分解到不同的频段内，并将噪声所处的频段置为零，然后对其重构，实现了去噪的目的。

在小波分析过程中，信号的小波系数随尺度的增大而增大，而噪声则正好相反，其小波系数随尺度的增大而减小。由此得出，信号和噪声的小波系数在不同尺度上有不同的传递特性。据此思考，采用小波可以实现信号的去噪。实现过程是，首先根据上述的传递特性构造相应的规则，并依此对信号和噪声的小波系数进行处理，这样就可以丢弃噪声产生的小波系数并有效地保留有效信号的小波系数。然后通过对处理后的小波系数进行反变换实现数据的重构，从而得到去噪后的信号②③。

在实际运用中，先对信号进行采样，得到有限频带内的信号 $x(k)$ $\in l^2(Z)$。然后用卷积型多尺度分解算法将信号 $x(k)$ 分解为低频分量 $C_x(j,k)$，$k = 1,2,\cdots,N$ 和多个频带的高频分量 $\{WT_x(j,k)$，$k = 1,2,\cdots,$ $N\}_{j=1,2,\cdots,J}$。其中，原始信号 $x(k)$ 的长度为 N，信号分解的最大层次为 J。由于信号的小波系数随尺度的增大而增大，噪声的小波系数随尺度

---

① ADAMS M D , KOSSENTINI F. Low Complexity Reversible Integer To Integer Wavelet Transforms For Image Coding [J] . IEEE Signal Processing Magazine，1999.

② 李士心. 小波去噪理论及其在陀螺漂移信号处理中的应用 [D]. 天津：天津大学，2002.

③ 李士心，刘鲁源. 小波变换域的局部自适应 Wiener 滤波器设计方法研究 [J]. 信号处理，2003（2）：93 - 95.

的增大而减小，因此根据先验知识可以将信号和噪声有效地区分开来。

从现存的文献来看，广泛使用的小波去噪方法主要有三大类：小波变换模极大值去噪方法、非线性小波变换阈值去噪方法、基于小波变换域内系数相关性的滤波算法。除此之外，还存在很多小波与其他滤波算法相结合的方法。

（一）小波变换模极大值去噪原理

小波变换模极大值去噪方法基于马莱特（Mallat）提出的奇异性检测理论，该理论引入 Lipschitz 指数来表征信号的奇异特性，并且认为这个指数和目前广泛使用的小波变换间存在着某种密切关系。后来，马莱特发现，奇异信号和随机噪声在小波变换各尺度空间中的模极大值之间存在着不同的传播特性，据此提出了小波变换模极大值的去噪方法[1]。

由于小波变换是线性变换，观测值通常是由信号和噪声线性组合的，因此观测值的小波变换也是由信号和噪声的小波变换线性组合而成。根据白噪声的特性，如果噪声是白噪声，随着尺度的加大，噪声的极大值点会显著减少，其幅值也会随着尺度的增大而减少，而信号的极大值点则不会出现这种现象。根据信号和噪声这种奇异性之差异，就可以去除噪声信号所对应的模极大点，从而消除噪声，得到有用的信号。

小波变换模极大值去噪适于处理含有较多奇异点的被白噪声污染的信号，在去噪过程中能有效地保留奇异点的信息。并且去噪后的信号中不存在多余的振荡，因此是原始信号的一个非常好的估计。但用该法进行处理时，其中的信号重构是通过交替投影法实现的，为了保证重构的精度，通常需要进行多次迭代，因此计算速度非常慢，处理效率大大降低。

---

[1]　MALLAT S, HWNAG W L. Singularity Detection and Processing with Wavelets ［J］. IEEE Transactions on Information Theory, 1992, 38 （2）: 617 – 643.

（二）非线性小波变换阈值法去噪原理

阈值法是当前应用最广泛的小波去噪方法之一。其基本思想如下。

设一个叠加了高斯白噪声的信号为：

$$y_j = x_j + \delta z_j, j = 0, 1, 2, \cdots, n - 1 \tag{4-12}$$

其中，x_j 为原始信号，$\delta > 0$ 为常数，是噪声级；z_j 是一个标准的高斯白噪声，其服从正态分布 $N(0, \sigma^2)$。用非线性小波变换阈值法从被噪声污染的信号 y_j 中恢复出原始信号 x_j，需经历下列的步骤：（1）选择合适的母小波和小波分解层数 i，依此对被噪声污染的信号 y_j 进行小波分解，得到小波分解系数；（2）对分解所得到的小波系数进行阈值处理，即将噪声对应的小波系数置为 0，得到原始信号 x_j（有效信号）的小波系数估计值；（3）对这些估计值进行小波反变换，就得到去噪后的信号。

多诺哈（Donoho）提出的小波阈值去噪方法遵循这样的指导思想：当小波分解系数小于某个临界阈值时，认为此时的小波分解系数主要是由噪声引起的，因此予以舍弃；当小波分解系数大于这个临界阈值时，认为此时的小波分解系数主要是由信号引起的，就把这一部分的小波分解系数直接保留下来（硬阈值方法）或者按某一个固定量向零收缩（软阈值方法），然后用新的小波系分解数进行小波重构得到去噪后的信号。

多诺哈对 x_j 提出的硬阈值法（Hard Shrinkage）和软阈值法（Soft-Shrinkage）如下。

①硬阈值法。

硬阈值是按式（4-13）实现的，该方法保留较大的小波系数并将较小的小波系数置零。

$$\hat{x}_j = \begin{cases} y_j & |y_j| > \delta \\ 0 & |y_j| \leq \delta \end{cases} \tag{4-13}$$

②软阈值法。

软阈值是按式（4－14）实现的，可以看出，该方法把小于 δ 的小波系数 $\hat{x}_j$ 置为 0，将大于 δ 的小波系数按照 $\hat{x}_j = \mathrm{sgn}(y_j)(|y_j|-\delta)$ 向 0 收缩。

$$\hat{x}_j = \mathrm{sgn}(y_j)(|y_j|-\delta)_+ = \begin{cases} \mathrm{sgn}(y_j)(|y_j|-\delta) & |y_j| > \delta \\ 0 & |y_j| \le \delta \end{cases}$$

$$(4-14)$$

设共 N 个离散点，通常取 $\delta = \sigma\sqrt{2\log N}$。当 $|y_j| > \delta$ 时，y_j 被认为主要是信号所对应的小波系数，予以保留；否则，y_j 被认为主要是由噪声引起的，予以消除，然后通过小波逆变换，得到恢复的原始信号估计 $\hat{x}_j$。

有文献①证明，采用软阈值法可以最小化估计信号的最大均方误差，即对原始信号进行近似最优估计可以得到去噪后的估计信号。该方法不受应用领域的限制，是目前应用最多的一种小波去噪方法，并且具有较高的计算效率。

小波阈值去噪最关键的一步是阈值的选择。阈值太小，则施加阈值后小波系数将包含过多的噪声分量，达不到去噪的效果；阈值太大，则会去除有用的信号成分，造成失真。目前主要有六种阈值②：独立层通用阈值（LIUT）、依赖层通用阈值（LDUT）、KICc 阈值、Stein 无偏估计阈值（rigrsure）、启发式阈值（heursure）、极大极小阈值（minimaxi）。

非线性小波变换阈值法适合于信号中混有白噪声的情况。由于白噪声在小波变换域的能量主要集中于幅值较低的小波系数，并且白噪声在

① DONOHO D L, JOHNSTONE I M. Ideal spatial adaptation by wavelet shrinkage [J]. Biometrika, 1994, 81 (3): 425 –455.

② 王国光. 提取混沌中信号方法的研究 [D]. 长春：吉林大学，2007.

任何正交基上的变换仍然是白噪声，且幅度不变，而较噪声小波系数而言，信号的小波系数幅值较大，因此可以设计一门限并进行设定，将低于该门限的小波系数重新取值为零，该门限介于信号的小波系数幅值和噪声的小波系数幅值之间，这样就可以有效抑制信号中的噪声。该方法得到的是原始信号的近似最优估计，因此具有较为广泛的适用性。

（三）基于小波变换域内系数相关性的滤波算法

许等人①提出了基于小波变换域内相邻尺度间小波系数相关性的降噪方法。这一方法在计算相关系数时，由于受到了小波系数在时间轴上的影响，所以通常会出现相关算法中由于各尺度间小波系数的偏移引起的判断准确率低的缺点。赵瑞珍等人②提出了一种基于区域相关的滤波算法，对小波域滤波之后的系数进行阈值处理，即将文中提出的后两种小波去噪方法结合在一起，改善了去噪的效果。

小波变换域滤波（Wavelet transform domain filters）的基本思想：根据信号和噪声在不同尺度上小波变换表现出来的不同形态，构造出相对应的规则，从而对信号和噪声的小波系数进行预处理，其本质在最大限度地保留有效信号所对应的小波系数的同时，必须减小甚至完全剔除由噪声产生的小波系数。对于时间序列信号而言，经过小波变换后，时间序列的小波系数在各尺度上具有较强的相关性，尤其在时间序列的边缘邻近区域，该相关性更加明显；相反，噪声的小波系数在各尺度上的相关性不够明显。因此，基于小波变换域内系数相关性的滤波算法就是根据小波系数在不同尺度上对应点处的相关性判断小波系数是属于有效时

① XU Y, WEAVER J B, HEALY D M JR, et al. Wavelet Transform Domain Filters: a Spatially Selective Noise Filtration Technique [J]. IEEE Transactions on Image Processing, 1994, 6 (3): 747 – 758.

② 赵瑞珍, 屈汉章, 宋国乡. 基于小波系数区域相关性的阈值滤波算法 [J]. 西安电子科技大学学报, 2001 (3): 324 – 327.

间序列信号还是噪声，并据此对小波系数进行取舍，去掉噪声，留下有效信号。经过滤波之后，小波系数基本上对应着信号的边缘，从而达到了去噪的效果。

基于小波变换域内系数相关性的滤波算法的实现步骤：

首先，设有如下时间序列：

$$f(k) = s(k) + n(k)$$

其中，$s(k)$ 为原始时间序列，$n(k)$ 为方差是 σ^2 的高斯白噪声，服从 $N(0,\sigma^2)$。

对时间序列 $f(k)$ 做离散小波变换之后，由小波变换的线性性质可知，分解得到的小波系数 $w_{j,k}$ 仍然由两部分组成，一部分是 $s(k)$ 对应的小波系数，表示为 $u_{j,k}$，另一部分是 $n(k)$ 对应的小波系数，表示为 $v_{j,k}$。

假设：

$$C_{W_{j,k}} = w_{j,k} \cdot w_{j+1,k} \qquad\qquad (4-15)$$

则称由式（4-15）定义的 $C_{W_{j,k}}$ 为尺度 j 上 k 点处的相关系数。

尺度空间上的相关运算可以较大程度上减少噪声的幅值，增强时间序列数据的边缘，从而更好地刻画原始的时间序列数据。相较大尺度而言，这种作用对于小尺度更明显。由于噪声能量主要是分布在小尺度上，因此随着尺度的增大作用强度是逐步减弱的，这一性质有利于尽可能减少有效信息的丢失。

为了能将相关系数与小波系数进行有效的比较，按式（4-16）对相关系数进行归一化处理：

设：

$$\bar{w}_{j,k} = C_{W_{j,k}} \left[P_{W_j} / P_{C_{W_j}} \right]^{1/2} \qquad\qquad (4-16)$$

则式（3-16）中的 $\bar{w}_{j,k}$ 称为归一化相关系数，其中：

$$P_{W_j} = \sum_k w_{j,k}^2$$

$$P_{C_{W_i}} = \sum_k C_{W_{j,k}}^2$$

同时假设：

定理 1：归一化相关系数 $\bar{w}_{j,k}$ 与小波系数 $w_{j,k}$ 具有相同的能量。

相关性去噪的核心环节就是通过比较 $\bar{w}_{j,k}$ 与 $w_{j,k}$ 的绝对值的大小来抽取数据的边缘信息。由定理 1 可得，$\bar{w}_{j,k}$ 与 $w_{j,k}$ 进行比较是合理的、可行的，余下的是噪声对应的小波系数，这样经过若干次迭代之后，所余小波系数的能量会低于某一阈值，则认为有效信息已经被完全提取出来了。

实现的具体思路①②为：若 $\bar{w}_{j,k} \geqslant w_{j,k}$，则认为点 k 处的小波变换是由有效信息控制，相关运算的结果将使该点所对应的小波变换的幅值增大，将 $w_{j,k}$ 赋给 $\bar{w}_{j,k}$ 的相应位置，并将 $w_{j,k}$ 置零；否则，认为点 k 处的小波变换由噪声信息控制，因此保留 $w_{j,k}$，置 $\bar{w}_{j,k}$ 相应位置为 0，然后在每一尺度上重新计算 $\bar{w}_{j,k}$。最后运算的结果为 $\tilde{w}_{j,k}$ 中保留由有效信息控制的点，而 $w_{j,k}$ 中的点全部对应着噪声信息。

采用该算法计算相关系数时，在某一位置 k 的相关系数仅仅取决于该点处相邻的两尺度上的小波系数。在小波分解过程中，如果小波系数存在偏移误差，则由式（4 – 15）计算出来的相关系数 C_{W_k} 就不能准确地描述 k 点处真实的相关性，从而造成上述算法中的相关系数和小波系数的比较毫无价值。

① PAN Q, ZHANG L, DAI G, et al. Two Denoising Methods by Wavelet Transform ［J］. IEEE Transactions on Signal Processing, 1999, 47（12）: 3401 –3406.
② 王博，潘泉，张洪才，等. 基于子波分解的信号滤波算法 ［J］. 电子学报, 1999, 27（11）: 71 –73.

为了克服上述存在的问题，Hsung 等[①]对式（4－15）做了改进，计算 k 点处的相关系数时既考虑了该点处的小波系数，又考虑了该点附近的部分数据，这样得到的相关系数对小波系数的偏移不敏感，可以真实刻画该点处的相关性。

第三节　基于小波的股票价格长时间序列去噪处理

一、随机噪声影响股市分析

从股市诞生之日起，投资者就开始对股票价格的波动理论和原理进行研究，以预测股票走势，从而获得尽可能大的投资收益。从经济学角度来看，股票具有其内在价值，而价格则围绕价值上下波动。这些波动大体分为三个部分：首先是由股票价值变化引起的波动，比如决定股票价值（或者说期望价值）的因素发生了变化，包括经济环境（国际、国内）、行业景气程度、公司主营业务变化、管理层变动等，价值的变动导致价格的波动；其次，股票价格脱离股票价值，围绕价值做周期性波动，这构成了股票价格波动的主因，这是对股票价格进行预测的经济学基础；最后就是随机波动，这种波动主要可以看作庄家操纵，由于这种波动波幅小，频率高，周期短，随机性很大，所以很难预测，不具有分析价值，反而具有干扰作用。如果把股票价格的主要波动看作信号，那么随机波动就是噪声。随机噪声对股市行情分析的危害是显而易见的，所以要对股票价格长时间序列进行预处理，而去噪就是预处理的一

---

① HSUNG T C, LUN D P K, SIU W C. Denoising by Singularity Detection ［J］. IEEE Transactions on Signal Processing, 1999, 47（11）: 3139－3144.

部分。即去掉小的随机波动，尽可能保留有用的信息，防止失真，这样的时间序列才是反映股票市场真实情况的。

二、股票价格长时间序列小波去噪方法

股票的价格波动可以看作一个一维离散信号。小波去噪的方法，就是把长时间序列分解为多个子系列，通过对小波分解系数的处理去掉其中的噪声部分，然后对余下的部分进行合并重构。对于一维离散信号来说，高频部分影响的是小波分解的第一层细节，低频部分影响的是小波分解的深层细节。小波变换的特点特别适合于股票价格长时间序列的去噪处理。本书采用的是非线性小波变换阈值法，这种方法相对简单，效果也很好，但首先要解决几个问题：选择哪种小波函数比较合适、阈值按照怎样的原则选择才简捷有效、对于待处理时间序列进行分解的合理层数是多少。这三个问题的解决对于小波去噪在实际应用中很重要。下面针对本书的研究依次做出论述。

（一）小波函数的选取

目前，小波函数有几十种，它们各自都有其各自的特性，适用于不同场合，去噪的效果也是不同的。本著作研究的是股票价格长时间序列，对同一个时间序列使用不同的小波函数进行去噪会得到不同的去噪效果，所以选取合适的小波函数很关键。针对本著作研究的股票价格长时间序列的特点选择出最合适的小波函数用于去噪，下文先对一些与去噪关系密切的小波函数的特性进行分析。

第一，正交性。正交性是用于去噪的小波函数重要的性质之一。正交小波函数能在保持小波系数间的不相关性的同时消除时间序列冗余，从而加强去噪性能。

第二，紧支撑和衰减性。对于一个小波函数 $\psi(t)$，如果它有紧支

集，则称该小波函数是紧支撑的；如果当 $t \to \infty$ 时，该小波函数快速衰减或者按指数规律衰减，则称其具有衰减性。紧支撑和衰减性是小波函数的重要性质。紧支撑宽度越窄或衰减越快，那么小波的局部分辨能力就越强，去噪效果就越好。

第三，对称性。越是对称的小波，在经过小波变换后，其偏差就会越小。因而有利于去噪后信号的恢复和重建。但该特性相对上述其他特性来说对去噪效果的影响最小。

第四，消失矩。小波函数应该具有消失矩性质，即

$$\int \psi(t) t^m d_t = 0 \quad (m = 0, 1, 2, \cdots M - 1) \tag{4-17}$$

此时称小波函数具有 M 阶消失矩。消失矩特性使小波展开时消去信号的高阶平滑部分，也即函数展开为多项式时的前 $M-1$ 项所对应函数的光滑部分，小波系数将会变得非常小。消失矩的大小决定了用小波逼近光滑函数的收敛率。针对股票价格长时间序列具有突变性的特点，所以需要一定的消失矩。但需注意的是，如果消失矩太高，小波系数就会更小，在对小波系数进行阈值处理后，重构失真度就会增大。因此像股票收益率这样的时间序列，消失矩就不能太高，否则会丢掉很多有用信息，如果是股票价格时间序列，那么消失矩可适当高一点。

有的文献①针对一些常用的小波函数进行考察和比较，列出了它们的一些特性，如表 4-1 所示。

---

① 兰秋军，马超群，文凤华. 金融时间序列去噪的小波变换方法 [J]. 科技管理研究，2004 (6)：117-120.

表4-1 一些常用小波基的特性

小波名称	紧支撑	支撑宽度	对称性	正交性	消失矩
morlet	no	Inf	yes	no	
haar	yes	1	yes	yes	1
mexican	no	Inf	yes	no	1
meyer	no	Inf	yes	yes	inf
dbN	yes	2N－1	far	yes	N
symN	yes	2N－1	near	yes	N
coifN	yes	6N－1	near	yes	2N
sinc	no	inf	yes	yes	no
biorNr · Nd	yes	2Nr＋1，Nd＋1	yes	no	Nr
gaussian	no	inf	yes	no	

　　根据上述各种小波的特性，综合分析各种情况，本书认为 dbN（Daubechies 系列小波）、symN（Symlets 系列小波）、coifN（Coiflet 系列小波）都比较合适。并且相对地，就小波系列而言，symN 是最佳选择。对于股票价格长时间序列等相对比较平缓的序列可选择消失矩阶数稍高一点，即对应小波序列 N 取 4 ~ 8 都是可以的。

　　（二）阈值的确定

　　阈值是区分信号和噪声的分水岭。阈值选择的合适与否关系着重构信号的连续性和精度，对小波去噪效果的优劣有着很大的影响。阈值太高，去噪过度，会引起信号失真；阈值太低，虽然能完好保存有用信号，但同时会导致去噪不完全。当前已有的阈值的确定的原则有无偏风险估计准则、固定阈值准则和极小极大准则等。

　　1. 无偏风险估计准则（rigrsure）

　　无偏风险估计准则是一种基于 Stcin 的无偏似然估计原埋的自适应阈值选择方法。其思想是针对每个阈值求出其所对应的风险值，然后得到风险最小对应的阈值。具体实现过程为：

第一，求取用来估计阈值的小波系数向量绝对值，并对其从小到大进行排序，将各个绝对值求平方，得到新的待估计向量 NV；

第二，对 NV 的每个元素下标 k，按式（4 – 18）计算风险向量：

$$Risk(k) = \frac{n - 2k + \sum_{j=1}^{k} NV(j) + (n - k) \cdot NV(k)}{n} \qquad (4 - 18)$$

其中，n 为上述小波系数向量的长度。

第三，求取风险向量 Risk 的最小值并得到对应的下标值 k，按式（4 – 19）计算得到阈值 T_r。

$$T_r = \sqrt{NV(k)} \qquad (4 - 19)$$

2. 固定阈值准则（sqtwolog）

固定阈值准则又称为固定门限准则。按式（4 – 20）即可求得阈值假设，则对应的阈值为：

$$T_r = \sqrt{2\log n} \qquad (4 - 20)$$

其中 n 为小波系数向量长度。

3. 混合准则（heursure）

混合准则，顾名思义就是将几种确定阈值的方法混合到一起来进行去噪。在此是指准则式无偏风险估计准则和固定阈值准则的混合。当信噪比很低时，无偏风险估计准则估计会产生很大的噪声，这时采用固定阈值准则。

按照混合准则得到的阈值计算方法是：首先根据式（4 – 21）和式（4 – 22）计算变量 Eta 和 Crit 的值。然后对它们进行比较，若 Eta < Crit，则选取固定阈值原则求取阈值，否则选取按无偏风险估计准则和固定阈值准则计算得到的阈值的较小者作为去噪的阈值。

$$Eta = \frac{\sum_{j=1}^{n} |w_i|^2 - n}{n} \qquad (4-21)$$

$$Crit = \sqrt{\frac{1}{n}\left[\frac{\log n}{\log 2}\right]^3} \qquad (4-22)$$

其中 n 是待估计小波系数向量的长度。

4. 极小极大准则（minimaxi）

极小极大准则也是一种固定阈值选择方法。该方法提出初期是为了统计学中的估计量的设计。因为把去噪信号假设为未知回归函数的估计值，因此极小极大估计量的含义是，在最坏的条件下，最小均方误差最小。该准则的阈值可按照式（4-23）计算得到：

$$T_r = \begin{cases} 0, & n \leqslant 32 \\ 0.3936 + 0.1829 \cdot \dfrac{\log n}{\log 2} & n > 32 \end{cases} \qquad (4-23)$$

式（4-23）中阈值的确定是以噪声为高斯白噪声的理想假设为前提的。实际应用中，噪声一般不会是标准的高斯白噪声，因此，需要进行适当的处理才能得到合理的实际阈值，一般将 $T_r \cdot \sigma$ 作为实际阈值的值，σ 为时间序列噪声的标准差。一般认为最小尺度上的小波系数大部分是由噪声引起的，所以本著作以其来估计 σ 的值，其具体值由式（4-24）求取。

$$\sigma = \frac{M_x}{0.6745} \qquad (4-24)$$

其中 M_x 为含噪信号最小尺度上的小波系数绝对值向量的中位数。

文中四种准则分别适合于不同的情况。无偏风险估计准则和极小极大准则比较保守，按照这两种准则得到的阈值用于去噪时，去噪效果要差 些，因此对于时间序列的高频信息中有很少一部分在噪声范围内时，这两种阈值确定方法都比较适合，此时可保留较多的有用信号；而另外按照两种阈值选取规则，特别是固定阈值原则，得到的阈值用于去噪时，能消除更多的噪声，但同时也有可能将有用时间序列的高频部分去掉。对股票价格长时间序列而言，由于其有用信号的频率不算很高，并且信噪比较低，因此本书选用固定阈值原则或混合准则，使去噪效果明显些。

（三）分解层次的确定

由多分辨率分析理论可知，高层分解的小波系数对应的是低频成分，而有效信号则是构成低频成分的主要成分。所以，在小波分解中，分解的层次越大，低频成分就会去掉得越多。如果选择的分解层次过高，对股票价格长时间序列去噪效果会比较理想，但同时会加大失真度。本专著去噪的目的在于为后续的聚类提供低噪的时间序列数据，尽量滤除股票高频噪声的干扰。由于聚类建立在归纳基础之上，本身对噪声有一定的容忍性，它并不苛求完全去掉噪声，因此为保守起见，分解层次不宜太高，最大不超过五层。

通过上述分析，本著作确定选用 sym5 小波，采用 sqtwolog 阈值估计准则，将股票价格长时间序列进行多分辨率分解到第 3 层。实证研究见第七章。

第四节　本章小结

股价指数编码的不合理性、机构大户的造市行为，以及诸多外在因冲击影响造成股市的强烈波动，使得股价表现为高噪声。所以，在对股票价格长时间序列进行聚类分析前，进行去噪处理是非常重要而且是必备的。

　　股票价格长时间序列的去噪方法有很多，近年来小波因去噪效果好而逐渐成为最有效的去噪工具，取得了日益广泛的运用。本章对小波变换和小波去噪原理进行了分析，并详细介绍了小波去噪的三种主要方法：基于小波变换模极大值原理的去噪方法、基于小波变换域内系数相关性的滤波算法、基于阈值的小波去噪方法。

　　根据股票价格长时间序列的特点，本著作采用的是非线性小波变换阈值法，这种方法相对简单，效果也很好，关键是需要确定几个重要的参数，即小波函数的选取、阈值和分解层次的确定。本著作对这些函数和参数的选取原则和方法进行了比较和分析，最后，本著作确定选用sym5 小波，采用 sqtwolog 阈值估计准则，将股票价格长时间序列进行多分辨率分解到第 3 层。

第五章

股票价格长时间序列的全序列特征

本章共分两个部分：第一部分选择了时间序列的 12 个特征作为股票价格长时间序列的全序列特征，并对它们进行了详尽的描述；第二部分介绍了每个全序列特征的抽取方法，并给出了实例抽取结果。

第一节　股票价格长时间序列的全序列特征

股票日收盘价构成的单变量时间序列是一组按时间顺序排列的数据，是一种最简单的时间形式，每个数字代表一个值，通常可以用一组有序排列的变量 $\{x_t\}$，$t = 1$，2，$\cdots$，n 来表示，在图形上一般表现为一条曲折波动的连线，如图 5 - 1 所示。每只股票日收盘价构成的时间序列数据是一个长时间序列。如果每只股票都用原始的每个时刻 t 的值 x_t 来表示，那么对于我国已经上市的几千只股票来说，股票日收盘价无疑是海量的。面对这些海量的股票日收盘价构成的数据，股票投资者们想对其进行分析研究，从中找到自己感兴趣的信息，是非常困难的。任何时间序列都存在着自身的特性，对于这样的时间序列可以用一组定性术语来描述，如季节的、趋势的、非线性、混沌等。王等①提取了9个统计特性来描述一个时间序列的全局特征，这9个统计特性分别为趋势、季节性、周期、序列相关性、非线性度量、偏斜、峰度、自相似性以及混沌性。

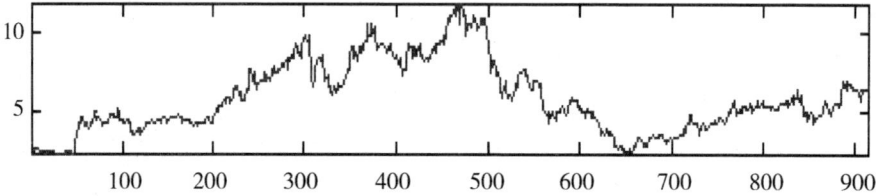

图5－1　某只股票日收盘价时间序列

本专著基于王（Wang）的抽取全局特征描述时间序列的方法，从股票价格长时间序列的性质和特点出发，兼顾考虑计算的复杂性，选择时间序列的三类数学特性，即时间序列的时域特性、频域特性和混沌特性。在每一类特性中再确定一个或几个有代表性的特性共计12个特性进行计算。这12个统计特性分别为趋势、周期、序列相关性（自相关和偏相关）、幅值平方和、方差、峰值、谷值、偏度、峰度、总功率谱和、混沌性等。

在时间序列分析中，为了获得精准的分类标准，某些特征分别在原始序列 x_t 以及 TSA 序列 x'_t（Trend and Seasonally Adjusted，经过趋势调整后的序列）上进行计算，如表5－1所示。

这些测量数值稍后将会变成时间序列聚类的初始输入。这12个测量值组成一个有限集，将定量描述任何时间序列的全局特征，而不必在意时间序列的长度以及是否有信息的丢失。在获得12个测量值后，先进行归一化处理，如果一个测量值接近0表示某个时间序列缺少某个特

---

① WANG X Z, SMITH K, HYNDMAN R. Characteristic – Based Clustering for Time Series Data ［J］. Data Mining and Knowledge Discovery, 2006（13）: 335 – 364.

征，如果一个测量值接近 1 表示某个时间序列强烈地显示某个特征。

表 5－1　特征测量

特征	原始序列	TSA 序列
周期	√	
混沌性	√	
幅值平方和	√	
方差	√	
峰（谷）值	√	
峰度	√	
偏度	√	
功率谱密度函数	√	
趋势	√	
自相关性		√
偏相关性		√

一、混沌性

当今科学认为，混沌无处不在，比如：一支上翘的香烟，烟纹袅袅涡卷：在风中的旗帜前后拍动；股市中充满混沌性；天气预报存在"蝴蝶效应"；将小石子投入到水中水面出现波纹；等等。凡是以前人们认为的属于随机过程的许多大自然中的系统，现在都可被归类为混沌系统。非线性动力系统一般都会表现出混沌性，混沌行为最本质的特点是非线性系统对于初始条件的极端敏感性。福特指出：混沌是决定性的随机性。另一种说法更清楚："混沌是决定性系统的内在随机性"。股票价格长时间序列是一个复杂的时间序列，用单纯的线性模型难以对其进行全面的描述，所以同时引入时间序列的非线性模型对其进行研究和应用。系统的非线性与系统的混沌性存在着必然的联系，而非线性是动力系统混沌的根源。一般来说，如果一个动力系统是混沌的，那么这个系统必然是非线性的。有文献①对已有的关于我国股票市场混沌特征的研究成果进行了总结分析，得出我国股票市场具有混沌性的主要结论，而国外研究人员对股票市场具有混沌性的判断早就确定。因此，混沌性是股票价格数据的一个很重要的特征。

在混沌动力系统中，相近初始状态的轨道随演化过程演化，其指数呈分离状态，因此混沌动力系统有一个显著特征——对初始特征的敏感依赖。迄今为止，对初始特征敏感依赖的程度可通过多种方法来判断，而最重要的方法是通过计算 Lyapunov 指数 λ_i 的大小来判断。对于一个混沌动力系统来说，存在着多个 Lypaunov 指数，Lyapunov 指数可以是正数、负数或者是零。当 Lyapunov 指数 $\lambda_i < 0$ 时，相空间收缩，运动是稳定的；当 Lyapunov 指数 $\lambda_i > 0$ 时，轨道迅速分离，长期行为对初始条件敏感，运动呈混沌状态；而 Lyapunov 指数 $\lambda_i = 0$ 则对应于稳定的边界，初始误差不放大也不缩小，是一种临界状态。若最大 Lyapunov 指数为正值，则状态变量敏感依赖于系统的初始值，此时系统一定是混沌的。因此，如果仅仅是判断系统是否混沌，通常把最大 Lyapunov 值是否为正值作为判断系统是否为混沌的一个依据，而不必计算出其他的 Lyapunov 指数。此外，一个混沌动力系统的所有 Lypaunov 指数之和 $\lambda_1 + \lambda_2 + \cdots + \lambda_m$ 表征了相空间自身的平均发散程度。

自相似性指在混沌区内任取其中一个小单元放大来看都和原来混沌区一样，具有和整体相似的结构，即每个小单元包含着整个系统的信息。自相似性是分形的基本特征，而分形维数是其一个重要的特征量，常常具有非整数维。对于混沌系统来说，分维形态不是指它的实际几何形态，而是指其行为特征。

---

① 韩文蕾. 我国股票市场的非线性分析与预测 ［D］. 西安：西北工业大学，2005.

　　前文提到混沌动力系统的显著特征是对初始特征的敏感依赖，而判断一个动力系统对初始状态的敏感依赖程度最重要的方法是计算 Lyapunov 指数。对于一个动力系统而言，Lyapunov 指数有很多个，由于通常把最大 Lyapunov 值是否为正值作为判断系统是否为混沌的一个依据，因此本书只求取股票价格长时间序列的最大 Lyapunov 指数来表征其混沌性。

二、频域特性

　　纵观时间序列分析方法的发展历史可以将其划分为两大类，即频域（frequency domain）分析法和时域（time domain）分析法。频域分析法也称为"频谱分析"（spectral analysis）方法，着重研究时间序列的功率谱密度函数，对序列的频率分量进行统计分析和建模。

　　早期的频域分析方法假设任何一种无趋势的时间序列都可以分解成若干个不同频率的周期波动，借助傅里叶分析从频率的角度揭示时间序列的规律，后来又借助了傅里叶变换，用正弦、余弦项之和来逼近某个函数。20 世纪 60 年代，伯尔格（Burg）在分析地震信号时提出最大熵估计理论，该理论克服了传统谱分析所固有的分辨率不高、频率遗漏等缺点，使频域分析进入了一个崭新的阶段。

　　谱分析方法是分析平稳时间序列的频域方法。运用谱分析方法对经济、金融时间序列进行频域分析，可以弥补时域分析的不足，把时间序列分解为具有不同振幅、相位和频率的周期分量的叠加，通过衡量各周期分量的相对重要性，找出序列中隐含的各主要频率分量，从而为说明经济、金融波动的原因和内在机制，为金融市场的管理提供依据。徐梅等人①基于适合于长、短记忆平稳和非平稳的分数阶差分自回归移动平均模型（ARIMA），研究了具有非平稳性和长记忆性序列的主频率估计方法，并对沪深证券交易所综合指数的收益序列进行了分析，证明了谱分析方法对长记忆序列建模的有效性。

功率谱密度函数是频谱分析中一个非常重要的量，表示时间序列频谱分量的单位带宽功率的频率函数。

假定一个平稳随机过程为 $\{x_t\}$，其自相关序列可以用一个谱密度函数 $S_x(f)$（spectral density function，SDF）来表示，对于能量信号来说，该谱密度函数也称为能量谱。如果自相关序列是平方可积的，即

$$\sum_{t=-\infty}^{\infty} S_{x,t}^2 < \infty$$

如果同时 $|f| \leq f_N = \dfrac{1}{2\Delta t}$ 也成立，则可以得到以下关系：

$$S_x(f) = \Delta t \sum_{\tau=-\infty}^{\infty} S_{x,\tau} e^{-i2\pi f\tau N} \qquad (5-1)$$

其中，f 为 $\{x_t\}$ 的频率，f_N 称为 Nyquist 频率。当 $\Delta t = 1$ 时，$S_x(f)$ 是 $\{S_{x,\tau}\}$ 的傅里叶变换，反之 $\{S_{x,\tau}\}$ 是 $S_x(f)$ 的傅里叶逆变换；在一般情况下，即使 $\Delta t \neq 1$，本专著也把式（5-1）看成傅里叶变换形式。谱密度函数 $S_x(f)$ 是频率 f 的偶函数，即 $S_x(-f) = S_x(f)$，而且满足

$$\int_{-f_N}^{f_N} S_x(f) e^{i2\pi f\tau\Delta t} df = S_{x,\tau}, \tau = \cdots, -1, 0, 1, \cdots \qquad (5-2)$$

式（5-2）是傅里叶的逆变换形式。

自相关序列平方可积是谱密度函数存在的充分条件，但不是必要条件。所以即使谱密度函数存在，谱密度函数也不能通过式（5-1）用

---

① 徐梅，张世英，樊智. 非平稳和长记忆时间序列上频率估计方法研究［J］. 天津大学学报，2003，36（4）：507-511.

自相关序列来表达，但此时式（5-2）还是成立的。

$S_x(f)\Delta f$ 可以被认为是在包含 f 的 Δf 宽度的间隔上，对该随机过程方差的贡献。在样本区间 Δt 内，使一个实值函数 $S_x(f)$ 成为实值随机过程的谱密度函数的条件很简单，即对于任何 f，都有 $S_x(f) \geq 0$；$S_x(-f) = S_x(f)$；$0 \leq \int_{-f_N}^{f_N} S_x(f)df < \infty$。而 $\int_{-f_N}^{f_N} S_x(f)df$ 就是该随机过程的方差。

由于随着频率的变化，功率谱密度对应着大量的值，单个研究功率谱密度值在实际应用中没意义并且数据量太大，因此本专著求取总功率谱和作为时间序列的一个频域特性。总功率谱和是通过对功率谱密度积分得到的：

$$E = \int_{-\infty}^{\infty} S_X(f)\,df \qquad (5-3)$$

三、时域特性

（一）趋势项

趋势项是时间序列的一般特征，是股票价格长时间序列的一个非常直观的特征。它可以表征股票价格长时间序列的发展趋势，是股票投资者很关心的一个重要参数。时间序列分解的加法模型和乘法模型都要利用其趋势项特征。麦克里达基斯（Makridakis）[1] 认为在平均水平上有一个长期变化时就会有趋势模式的存在，这个趋势模式可以以线性趋势、指数趋势或其他趋势的形式存在。为了简便，也因为股票投资者更关系股票价格时间序列的长期发展趋势，因此本书只考虑线性趋势项。

假设 $\{x_t\}$ 为原始数据，$\{y_t\}$ 为经过趋势调整的数据，满足 $y_t =$

————————————

[1] MAKRIDAKIS S，WHEELWRIGHT S C，HYNDMAN R J. Forecasting methods and applications ［M］. 3rd edition. New York，NY：John Wiley & Sons，Inc.，1998.

$x_t - d_t$，则 $\{d_t\}$ 即为时间序列的趋势特征——趋势项。

（二）周期性特征①

周期性是经济时间序列的又一个直观特征，也称为季节性特征。周期性在经济时间序列中普遍存在，因此一直是相关研究中一个重要的量。给出时间序列的周期定义为：对于没有表现出明显周期性或者不存在周期的时间序列，其周期为 1；其他情况下，时间序列的周期可以通过下述过程得到。

首先，根据式（5－4）计算时间序列的自相关系数，为了保证能准确地发现时间序列的周期性，计算自相关系数时，取滞后步长为 1 到 1/2 个时间序列长度的自相关系数，并找出所有的波峰和波谷；

然后，计算所有波峰和最近邻的波谷之间的差。

最后，找出满足下列条件的第一个波峰：

①波峰为正值；

②波峰的前面有一个波谷；

③该波峰和其前面的波谷的差值大于某个阈值（该阈值需根据数据的特性来决定，通常取 0.1）。

此时该波峰所对应的自相关系数定义为周期的值。如果满足上述条件的波峰步存在，则令 $T=1$。

自相关系数的计算公式如下：

$$r_k = \frac{\sum_{t=1}^{n-k} (x_t - \bar{x}_t)(x_{t+k} - \bar{x}_{t+k})}{\sqrt{\sum_{t=1}^{n-k} (x_t - \bar{x}_t)^2 \sum_{t=1}^{n-k} (x_{t+k} - \bar{x}_{t+k})^2}} \quad (5-4)$$

---

① 管河山，姜青山. 时间序列挖掘中一种新的相似性度量 [J]. 计算机工程与应用，2007（26）：152－155.

其中 $k = 1, 2, \cdots \dfrac{n}{3}$，$\bar{x_t} = \dfrac{1}{n-k} \sum\limits_{t=1}^{n-k} x_t$，$\bar{x_{t+k}} = \dfrac{1}{n-k} \sum\limits_{t=1}^{n-k} x_{t+k}$，$\{x_t\}$ 为时间序列，n 为时间序列的长度。

由于提取特征项只是为了对时间序列重新描述，计算不同时间序列之间欧式距离，进而对这些时间序列进行聚类，因此不必关心时间序列周期的绝对数值，只知道不同时间序列的周期的关系就能满足重新描述时间序列的需要。因此，本书将不存在明显周期性的时间序列的周期定义为1，而存在周期性的时间序列的周期按上面满足条件的自相关系数定义，时间序列的自相关系数的值在0和1之间取值。

（三）自相关性

统计学中用相关系数来描述变量 x、y 之间的相关性，是两个随机变量之积的数学期望，称为相关性，它表征了这两个变量之间的关联程度。在时间序列中，相关系数描述了两个平稳时间序列或一个平稳时间序列自身不同时刻的相似程度，通过相关分析可以发现时间序列中许多有规律的信息。自相关性指的是一个时间序列某个时间 t 时刻的值与延迟 k 时刻后的同一时间序列在 $t+k$ 时刻的值的相关程度。

自相关产生的原因是多方面的，主要有①经济变量的惯性作用；②模型设定不当的影响；③一些随机干扰因素的影响；④数据处理的影响。比如，农产品供给反映出的一种"蛛网现象"，即供给对价格的反应滞后了一个时期，因为供给决策的实现需要时间。这种现象就会产生自相关性。

股票市场时间序列既有非平稳的特点，又具有高自相关性的特点。而研究时间序列的相关系数是以时间序列的平稳性为前提的。通常股票价格长时间序列的变化受许多因素的影响，一般来说有长期趋势因素、季节变动因素、周期变动因素和不规则变动因素。小波变换的多层分解可以将这些因素分解开来，从而有助于进行时间序列的分析和处理。因此本书先对股票价格长时间序列进行多层分解，再对得到的平稳时间序列进行求取相关系数。小波变化的多层分解参见本书第五章第二节。

1. 自相关系数

对于股票市场来说，在平稳性假定下，若相应时间间隔为 k，那么，股票价格长时间序列的自相关系数定义如式（5－4）。可以改写为：

$$\gamma_k = \frac{E[(x_t - \mu)(x_{t+k} - \mu)]}{\sqrt{E[(x_t - \mu)^2]E[(x_{t+k} - \mu)^2]}} = \frac{E[(x_t - \mu)(x_{t+k} - \mu)]}{\sigma_x^2}$$

其中，μ 为随机变量 x_t 的期望。对于平稳过程而言，在时刻 $t+k$ 与时刻 t 的方差相等，都是 $\sigma_x^2 = E[(x_t - \mu)^2]$。所以，在没有突变的情况下，股票价格长时间序列的自相关系数也可以写成：

$$\gamma_k = \frac{E[(x_t - \mu)(x_{t+k} - \mu)]}{E[(x_t - \mu)]} \tag{5－5}$$

自相关系数 γ_k 绝对值越大，表明两个变量之间的线性相关程度越高；反之，自相关系数 γ_k 绝对值越小，表明两个变量之间的线性相关程度越低；当自相关系数 γ_k 为零时，表明两个变量之间不存在线性相关关系。因此，常常用自相关系数 γ_k 的大小来表征两个变量间的相关程度。

2. 偏相关系数

对于一个平稳时间序列，求出的自相关系数 γ_k 可能不能真实反映出 $x(t)$ 与 $x(t+k)$ 之间单纯的相关关系。因为各个变量之间的关系很复杂，$x(t+k)$ 同时还会受到中间 $k-1$ 个随机变量 $x(t+1)$、$x(t+2)$、……、$x(t+k-1)$ 的影响，因此自相关系数 γ_k 里实际掺杂了其他变量对 $x(t)$ 与 $x(t+k)$ 的影响。

为了得到 $x(t)$ 对 $x(t+k)$ 的单纯影响，在此引入了偏相关系数的概念。

偏相关系数是在排除了其他变量的影响下计算变量间的相关系数。用偏相关系数来描述两个经济变量之间的内在线性关系会更合理、更可靠。对于平稳时间序列 $\{x(t)\}$，所谓滞后 k 偏相关系数是指在给定中间 $k-1$ 个随机变量 $x(t+1)$、$x(t+2)$、……、$x(t+k-1)$ 的条件下，或者说，在剔除了中间 $k-1$ 个随机变量 $x(t+1)$、$x(t+2)$、……、$x(t+k-1)$ 的干扰之后，$x(t)$ 对 $x(t+k)$ 影响的相关程度。

偏相关系数取值大小的意义同自相关系数取值大小的意义一致。偏相关系数 γ_k 绝对值越大，表明两个变量之间的线性相关程度越高；反之，偏相关系数 γ_k 绝对值越小，表明两个变量之间的线性相关程度越低；当偏相关系数 γ_k 为零时，表明两个变量之间不存在线性相关关系。

（四）偏度

偏度（Skewness）是表征概率分布密度曲线相对于平均值不对称程度的特征数，直观看来就是概率分布密度曲线尾部的相对长度。正态分布的偏度为零，表示中心点的左边和右边是完全对称的，概率分布密度曲线的两侧尾部长度对称。

对于单变量时间序列 $\{x_t\}$，偏度系数的计算公式为：

$$S = \frac{1}{n\sigma^3} \sum_{t=1}^{n} (x_t - \bar{x}_t)^3$$

这里 $\bar{x}_t$ 为时间序列的均值，σ 为标准偏差，n 为数据点的个数。$S < 0$ 称分布具有负偏离，也称左偏态，此时数据位于均值左边的比位于右边的多，直观表现为左边的尾部相对于右边的尾部要长；$S > 0$ 称分布具有正偏离，也称右偏态，直观表现为左边的尾部相对于右边的尾部要短；而 S 接近 0 则可认为分布是对称的。若知道分布有可能在偏度上偏离正态分布时，可用偏离来检验分布的正态性。

（五）峰度

峰度又称峰态系数，是表征概率密度分布曲线在平均值处峰值高低的特征数，也就是用来反映概率密度分布曲线顶端尖峭或扁平程度的指标。简单来讲，峰度是描述分布形态的陡缓程度。如果两组数据的算术平均数、标准差和偏态系数都相同，并不能说明这两组数是一样的，因为它们分布曲线顶端的高耸程度可能不同。具有高峰度的数据组比正态分布要陡峭，并具有"重尾"，即该分布的密度函数在尾部很大；低峰度的数据组曲线顶部比较扁平。

对于单变量时间序列 $\{x_t\}$，峰度系数计算公式为：

$$K = \frac{1}{n\sigma^4} \sum_{t=1}^{n} (x_t - \bar{x}_t)^4$$

这里 $\bar{x}_t$ 为时间序列的均值，σ 为标准偏差，n 为数据点的个数。均匀分布将是一个极端的例子。正态分布的峰度系数为3。

（六）方差

方差是实际值与期望值之差平方的期望值，是统计学中一个很重要的特征。方差刻画了随机变量的取值对于其数学期望的离散程度，用来衡量一组数据的波动大小（即这组数据偏离平均数的大小）。在样本容量相同的情况下，方差越大，说明数据的波动越大，越不稳定。对于时间序列 $\{x_t\}$ 而言，若 x_t 的取值比较集中，则方差 $\sigma^2(x_t)$ 较小；若 x_t 的取值比较分散，则方差 $\sigma^2(x_t)$ 较大，因此方差是衡量时间序列波动程度的一个尺度。

（七）峰值、谷值

股票价格长时间序列是不断波动的，因此呈现出大量的波峰和波谷。这些波峰和波谷对股票投资者来说非常重要。因此他们非常关心在某个时间区域内波峰或波谷的尺度和出现的时间，并以此为依据做出买卖股票的正确决策。在股票市场上，波峰、波谷是比较显著的极大值、极小值，或者是某个时间区域内的最大值、极小值。

第二节　基于小波分析的股票价格长时间序列全序列特征抽取方法

一、问题的提出

股票价格长时间序列特定的形状特征，使得目前常用的一些相似性度量和聚类算法失去了其优越性，而几乎所有的时间序列聚类算法都涉及计算序列之间的相似性问题。例如，目前常用的相似性度量仍然是计算 Euclidean 距离，但是 Euclidean 距离的鲁棒性较差，而且用该方法进行聚类的计算复杂度很高；王（Wang）提取时间序列的自相关系数作为时间序列的相似性度量，但这种方法的处理效果受到自相关系数收敛性的很大影响；卡尔帕基斯（Kalpakis）提取时间序列的谱系数（Cepstrum）来衡量时间序列之间的相似度，这种方法也在很大程度上受到模型系数的影响。相关研究人员在研究过程中发现，股票时间序列的相似性度量将直接影响到聚类的效果，这使得寻找一种合理的相似性度量成为股票时间序列聚类的一个关键步骤，从而引起了相关研究人员的关注。

目前，提取时间序列的特征来描述原时间序序列成为一个重要的途径，一方面可以通过用少量特征来描述股票等长时间序列，大大降低时间序列聚类计算过程中的复杂度，另一方面可以得到更为合理的结果。在目前对时间序列的研究中，时域特征、频域特征、混沌性得到了广泛关注。本书正是从这几个方面提取股票价格长时间序列的全局特征来描述原始时间序列，例如趋势项系数、周期、总功率谱和、自相关系数、偏相关系数、幅值平方和、峰值、谷值、方差、偏度、峰度、最大 Lyapunov 指数 12 个全局特征，然后构建股票价格长时间序列的特征向量，用该向量来描述原始时间序列。这样，既能保留原始的股票价格长时间序列的原有信息，又能有效地降低聚类过程中计算的复杂度，从而提高运算效率，而且还可以避免直接利用 Euclidean 计算距离所造成的鲁棒性差的缺陷。另外，由于提取全局特征时不用对原始时间序列做出过多的假设，使其利用不会受到领域知识的局限，所以该方法在多个领域中都得以很好的运用。国内外相关研究成果表明，该方法是快捷有效的，特别是对经济领域的时间序列（如股票等金融时间序列）的处理效果更佳。

本部分以第七章提供的 40 只中的股票电子信息 1 的日收盘价构成的时间序列为例来提取各个特征项。限于篇幅，本书不再给出该只股票从 2006 年 1 月 1 日到 2009 年 12 月 31 日的连续交易日的 914 个日收盘价数据。

二、股票价格长时间序列的全序列特征抽取方法

从不同的角度出发来提取时间序列的全局特征，一般可以得到一些不同的特征。本著作从多个角度出发提取股票价格长时间序列的全局特征，并确保这些特征不重复描述原股票时间序列的信息，从而尽量以少量的特征来准确地描述出原股票时间序列的特征信息。

统计特征是股票价格时间序列的分析过程中必须考虑的。目前，统计模型在股票价格时间序列的研究中得到普遍应用，特别是加法模型和 ARIMA 模型，本专著从加法模型角度出发，提取时间序列的周期特征和趋势特征；从股票价格长时间序列的 ARIMA 模型角度出发，提取时间序列的自相关系数和偏相关系数；从股票价格长时间序列自身的数据分布特征角度出发，提取幅值平方和、峰值、方差、偏度、峰度等几项特征；根据股票价格时间序列的混沌性特征，提取最大

Lyapunov 指数作为股票价格时间序列的一个全局特征；此外进行时间序列的转换，采用 Matlab 工具箱中已有的函数提取功率谱密度并计算得到总功率和作为股票价格时间序列的频域特征。这样可以得到时间序列的 12 个全局特征并构成特征向量，每个股票时间序列对应一个特定的特征向量，通过特征向量来衡量时间序列之间的相似度，进而进行聚类分析。

（一）最大 Lyapunov 指数

股票价格长时间序列是一个复杂的序列，单纯的线性模型难以对其进行全面的描述，所以本书同时引入时间序列的非线性模型进行研究和应用。一个系统的非线性与系统的混沌性存在着必然的联系，非线性是动力系统混沌的根源。一般来说，如果一个动力系统是混沌的，则这个系统就是非线性的。有文献①对已有的关于我国股票市场混沌特征的研究成果进行了总结分析，得出我国股票市场具有混沌性的主要结论。因此，混沌性是股票数据的一个很重要的特征。

在混沌动力系统中，相近初始状态的轨道随演化过程发展，其指数呈分离状态，因此混沌动力系统有一个显著特征——对初始特征的敏感依赖。判断一个动力系统对初始状态的敏感依赖程度，最重要的方法是计算 Lyapunov 指数。对于一个混沌动力系统来说，常常存在着多个 Lypaunov 指数。一个混沌动力系统的所有 Lypaunov 指数之和 $\lambda_1 + \lambda_2 + \cdots + \lambda_m$ 表征了相空间自身的平均发散程度。最大 Lyapunov 指数若为正值，则状态变量为指数分离，状态变量敏感依赖于系统的初始值，此时系统一定是混沌的。因此，如果仅仅是判断系统是否混沌，通常把最大 Lypaunov 值是否为正值作为判断系统是否为混沌的一个依据，而不必计算出系统的每一个 Lyapunov 指数。

---

① 韩文蕾. 我国股票市场的非线性分析与预测［D］. 西安：西北工业大学，2005.

1. 最大 Lyapunov 指数计算方法

计算 Lyapunov 指数的方法有很多，譬如定义法、wolf 方法、Jacobian 方法、p - 范数方法、小数据量方法等。文献中给出了详尽的描述，在此不再赘述。1983 年，格里波基已经证明，只要最大 Lyapunov 指数大于零，就可以肯定混沌的存在。因此，在实际应用中并不需要计算出时间序列的所有 Lyapunov 指数谱，而只要计算出最大 Lyapunov 指数就可以了。因此，如果仅仅判断一个时间序列是否是混沌的，只要看最大 Lyapunov 指数是否大于零即可。

目前，计算最大 Lyapunov 指数普遍采用的数值方法有 Wolf 算法和小数据量方法。Wolf 方法适用于采样的时间序列无噪声或者噪声水平极低的情况下，而且其演化的相空间中小向量的演化必须是高度非线性的。因此，如果想采用 Wolf 方法得到最大 Lyapunov 指数的比较好的估计值，则需要求取最大 Lyapunov 指数的时间序列要足够长。小数据量方法则适用于小数据组可靠、计算量不大的情况下，采用此方法相对容易操作，并且其计算精度较其他方法有明显的改善。鉴于本著作研究的对象是股票价格长时间序列，并且在对股票价格长时间序列提取特征之前已经进行了消除噪声的预处理，因此本书采用 wolf 法计算最大 Lyapunov 指数。

1985 年，沃尔夫（A. Wolf）等[1]提出了计算由观测获得的混沌时间序列的最大 Lyapunov 指数的一种方法。自出现以来，在各个领域被广泛使用，我国的一些股票市场的混沌识别也采用了 Wolf 算法。Wolf 的计算步骤简单介绍如下：

①设混沌时间序列为 $\{x_t = x_1, x_2, \cdots, x_n\}$，选取嵌入维数 m 和

---

① WOLF A, SWIFT J B, SWINNEY H L, et al. Determining Lyapunov exponents from a time series [J]. Physica D: Nonlinear Phenomena, 1985, 16 (3): 285 – 317.

时间延迟 τ，重构该序列的 N 维相空间为：

$$Y(t_i) = (x(t_i), x(t_i + \tau), \cdots, x(t_i + (m - 1)\tau)) \quad (i = 1, 2, \cdots, N)$$

②取初始相点为 $Y(t_0)$，该点和其最近的邻点 $Y_0(t_0)$ 的距离为 L_0，则追踪二者的时间演化，当两点的距离超过某一预先设定的值 $\varepsilon > 0$ 时，记录此时的时间 t_1，令此时两点的距离为 $L'_0 = |Y(t_1) - Y_0(t_1)|$，保留 $Y(t_1)$ 的值。

③在 $Y(t_1)$ 附近再找一点 $Y_1(t_1)$，使得 $L_1 = |Y(t_1) - Y_1(t_1)| < \varepsilon$，并且二者的夹角要尽量小，继续步骤②中演化的过程。

④反复上述找点、演化的过程，直到 $Y(t)$ 到达该序列的终点 N。此时记录追踪演化过程的总迭代次数为 M，则最大 Lyapunov 指数为：

$$\lambda_1 = \frac{1}{t_M - t_0} \sum_{i=0}^{M} \ln \frac{L'_i}{L_i} Y(t_0) \tag{5-6}$$

Wolf 算法求取最大 Lyapunov 指数是在重构相空间中对相点进行演化得到的。最初提出重构相空间的目的在于在高维相空间中恢复混沌吸引子。混沌吸引子是混沌现象在相空间的一个基本标志，可以对其引入定常态的分布函数进行统计描述。混沌吸引子体现着混沌系统的某种规律性，即混沌系统最终会落入某一特定的轨道之中。轨道在相空间中经过无数次靠拢和分离、来回拉伸与折叠形成的几何图形就是混沌吸引子，它具有无穷层次的自相似结构。混沌吸引子的几何性质可以通过研究它的空间维数来确定。因为混沌系统的各种策动因素间彼此影响，所以其先后产生的数据点彼此相关。Packard 等人认为，可以用原始系统的某变量的坐标的延迟重构相空间，并将该坐标的延迟时间定义为 τ。后来，泰肯斯（Takens）在 1981 年证明了能找到一个合适的嵌入维，即如果存在一个嵌入维数 m 和一个动力系统维数 d 使 $m \geq 2d + 1$ 成立，则在这个嵌入维空间里可以把混沌吸引子恢复出来，这就是 Takens 嵌入定理，$m \geq 2d + 1$ 为延迟坐标的维数。嵌入定理表明：在重构的 R^m 空间中的轨线上，原动力系统保持微分同胚①。

选取时间延迟 τ 和嵌入维数 m 是重构相空间的关键。原则上，对于无限长且没有噪声的时间序列，延迟时间的选取是任意的。但股票价格长时间序列虽然很长并且经过了降噪处理，但是仍然存在着噪声污染，不能满足无限长且无噪的条件。选择时间延迟 τ 的基本思想是使 x_t 和 $x_{t+\tau}$ 具有某种程度的独立但又不完全无关，以便它们在重构的相空间中作为独立的坐标处理。时间延迟 τ 太大，则相空间轨迹会向同一位置积压，很多信息会被掩盖；时间延迟 τ 过小，则会导致时间序列中的各个分量变得非常独立。对于时间延迟 τ 的确定现在最常用的有自相关系数法和互信息法②，本书选用了互信息法。

作为重构相空间的另一个重要参数嵌入维 m，理论上嵌入维 m 应该足够大。嵌入维 m 太小，则吸引子不能完全展开，这与相空间重构的本来意义相悖；嵌入维 m 太大，则可能导致数据计算量的按指数增加，并且会引起很大的误差。因此应该选择合适的嵌入维 m。对于嵌入维数 m 的计算，本著作选择了曹良跃（Liangyue Cao）提出的一种比较实用的方法——伪近邻居法（FNN），在很多文献中又把它称为 Cao 算法③。其核心思想是：随着嵌入维数的增加，考察相空间中相点 Y_N 的最近邻点中哪些是伪近邻点，并计算它们在最近邻点中所占的比例，当伪近邻点所占的比例小于 5% 或者不再随嵌入维数的增加而减少时，则认为吸引子完全展开，此时的嵌入维数为最佳嵌入维数。

---

① 吕金虎，陈益峰，张锁春．基于自适应神经网络的边坡位移预测［J］．系统工程理论与实践，2001（12）：124－129.

② 吕金虎，陆君安，陈士华．混沌时间序列分析及其应用［M］．武汉大学出版社，2002.

③ CAO L Y. Practical method for determining the minimum embedding dimension of a scalar time series［J］. Physica D: Nonlinear Phenomena，1997，110（1－2）：43－50.

2. 实例分析

图 5 - 2 和表 5 - 2 分别给出了股票电子信息 1 时间序列的时间延迟和互信息关系图和关系表。利用互信息法求取时间序列时间延迟的核心思想是：当互信息第一次达到极小值时，选择延迟时间 τ ，此时 x_t 和 $x_{t+\tau}$ 的非线性相关最小且基本相互独立。对于股票电子信息 1 时间序列，当 $t = 8$ 时，互信息值第一次达到了极小值为 2.61745（如表 5 - 3 所示）。

表 5 - 2　股票电子信息 1 时间序列的时间延迟和互信息关系表

时间延迟	互信息	时间延迟	互信息	时间延迟	互信息	时间延迟	互信息
0	4.21325	25	2.42179	50	2.40804	75	2.40404
1	3.34001	26	2.42874	51	2.42417	76	2.38562
2	3.10938	27	2.43116	52	2.42646	77	2.37417
3	2.95234	28	2.42319	53	2.44938	78	2.41949
4	2.86257	29	2.42553	54	2.46303	79	2.37848
5	2.79456	30	2.41842	55	2.44138	80	2.39047
6	2.72732	31	2.43725	56	2.46762	81	2.40552
7	2.67876	32	2.41593	57	2.44379	82	2.42308
8	2.61745	33	2.42149	58	2.47015	83	2.40471
9	2.62744	34	2.43805	59	2.44320	84	2.41452
10	2.57700	35	2.43803	60	2.46791	85	2.43449
11	2.57201	36	2.48505	61	2.43507	86	2.46783
12	2.56854	37	2.47917	62	2.43338	87	2.42536
13	2.53820	38	2.49128	63	2.43200	88	2.42445
14	2.53276	39	2.50925	64	2.42353	89	2.43853
15	2.52747	40	2.49543	65	2.41125	90	2.43603

时间延迟	互信息	时间延迟	互信息	时间延迟	互信息	时间延迟	互信息
16	2.50363	41	2.49922	66	2.40529	91	2.43997
17	2.50792	42	2.49393	67	2.40302	92	2.43276
18	2.48393	43	2.48098	68	2.39651	93	2.47892
19	2.47183	44	2.46754	69	2.40238	94	2.46284
20	2.46915	45	2.46176	70	2.41945	95	2.47412
21	2.44733	46	2.45238	71	2.39656	96	2.50948
22	2.46942	47	2.43219	72	2.39335	97	2.51497
23	2.45034	48	2.43306	73	2.40530	98	2.49570
24	2.47063	49	2.40845	74	2.39036	99	2.48051

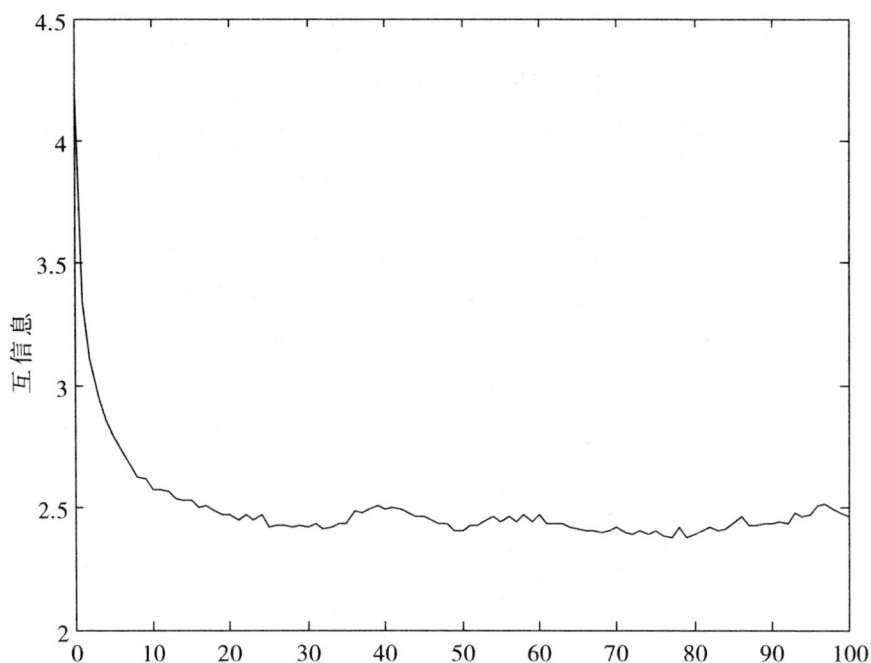

图 5-2 股票电子信息 1 时间序列的时间延迟和互信息关系图

图 5 - 3 和表 5 - 3 分别给出了股票电子信息 1 时间序列的嵌入维和伪近邻率关系图和关系表。从图 5 - 3 可以看出在 $m = 6$ 以后，重构相空间 Y_N 的轨线的所有最近邻点中，伪近邻点所占的比例基本稳定在 5% 以下，且伪邻近点所占比例始终维持在 1% 到 3% 左右，没有继续下降的趋势。

表 5 - 3　股票电子信息 1 时间序列的嵌入维和伪近邻率关系表

嵌入维数	伪近邻率	嵌入维数	伪近邻率	嵌入维数	伪近邻率	嵌入维数	伪近邻率
1	0.93789	4	0.04455	7	0.00360	10	0.03467
2	0.71578	5	0.15901	8	0.00931	11	0.03218
3	0.21323	6	0.02703	9	0.01083	12	0.02510

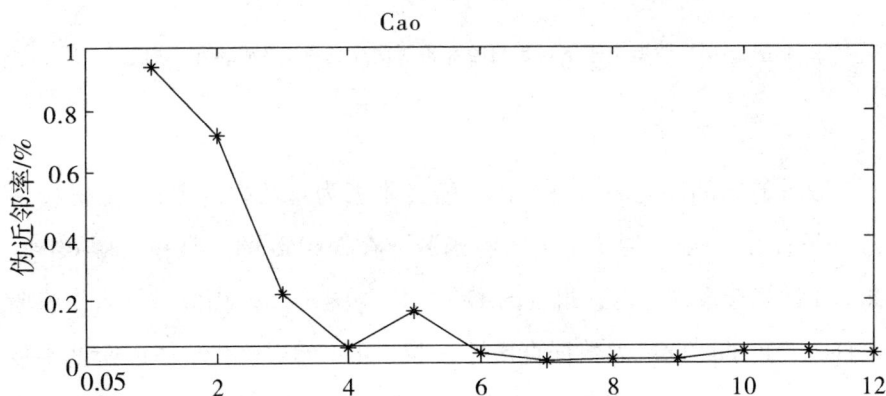

图 5 - 3　股票电子信息 1 时间序列的嵌入维和伪近邻率关系图

选取时间延迟 $\tau = 8$ 和嵌入维数 $m = 6$，利用 Wolf 法重构相空间，采用 Matlab 工具编制计算最大 Lyapunov 指数的程序，得到该序列 Lyapunov 指数随演化时间增长的变化图，如图 5 - 4 所示。从图中可以看成，随着演化时间的增长，每次计算得到的 Lyapunov 指数趋于平缓收敛。由式（5 - 6）求出最大 Lyapunov 指数为 $\lambda_1 = 0.07952$，这说明股票电子信息 1 的日收盘价构成的时间序列相空间邻近轨道是发散的，表明该序列对应的动力系统具有混沌特征。

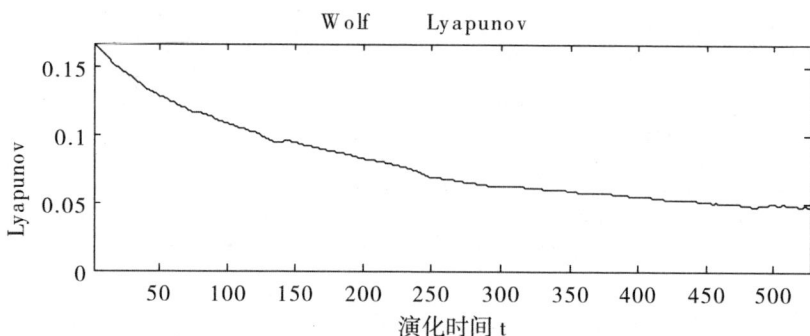

图 5 - 4　股票电子信息 1 日收盘价时间序列最大 Lyapunov 指数

（二）总功率谱和

要计算时间序列的谱分析特征值（本书为总功率谱和），由式（5 - 3）可知，首先要得到功率谱密度函数。在 Matlab 的工具箱，用 dspdata. psd 计算功率谱密度，得到的谱分析图为图 5 - 5。因此，本著作将股票日收盘价的时间序列数据直接导入 Matlab，然后运行功率谱密度函数 dspdata. psd 得到各个离散的功率谱密度。根据式（5 - 3）求得该序列的总功率谱和为 $E = 14.75831$。

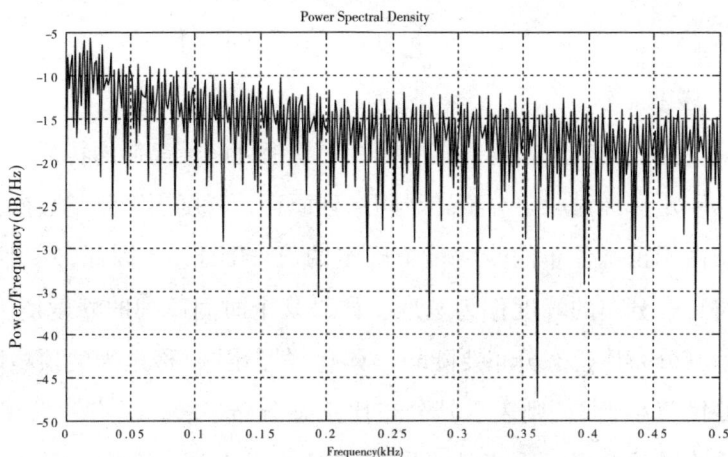

图 5 - 5 股票电子信息 1 日收盘价时间序列功率谱密度图

（三）时域特征

1. 幅值平方和

设股票长时间序列为 $\{x_t, t = 1, 2, \cdots, n\}$，则其幅值平方和为 $\sum_{t=1}^{n} x_t^2$。

2. 峰值、谷值

股票价格长时间序列在某个时间区域内的最大值或极小值称为峰值或谷值，是一个重要的特征统计数据。本书仅仅求取整个样本的最大值 $\hat{x}_p$ 和最小值 $\hat{x}_T$：

$$\hat{x}_p = \max x_t ,$$

$$\hat{x}_T = \min x_t 。$$

3. 方差

股票等金融资产收益率的样本方差 σ^2，反映了收益率对样本均值的偏离程度，通过下式计算：

$$\sigma^2 = \sum_{i=1}^{n} (x_i - \bar{x_t})^2 / (n-1) \qquad (5-7)$$

4. 峰度

峰度是表征概率密度分布曲线在平均值处峰值高低的特征数，它是一个四阶矩。针对股票等金融时间序列而言，峰度用来测定数据分布的形状。由于正态分布的峰度是个确定的值，等于3，因此，一般而言，通常将正态分布的峰度作为基准。如果某个时间序列的峰度值大于3，则表示其分布比正态分布要陡峭，具有"厚尾"，称之为尖顶峰度；如果其峰度值小于3，则表示其分布比正态分布平缓，具有"薄尾"，此时称之为平顶峰度；而当其峰度值刚好等于3时，该分布服从正态分布，称为标准峰度。一个分布的峰度的大小取决于偏离均值的异常值对均值的偏离程度，偏离的程度越大，该分布的峰度值越大。一文①中给出了单变量时间序列峰度 K 的计算公式为：

$$K = \frac{1}{n\sigma^4} \sum_{t=1}^{n} (x_t - \bar{x_t})^4 - 3 \qquad (5-8)$$

$$\sigma = \sqrt{\sum_{i=1}^{n} (x_i - \bar{x_t})^2 / (n-1)}$$

其中，σ 为标准偏差，n 为数据点的个数，$\bar{x_t}$ 为平均值。本书的研究对象股票价格长时间序列为单变量时间序列，因此通过式（5-8）可以计算出股票价格长时间序列的峰度 K。

5. 偏度

偏度（Skewness）是表征概率分布密度曲线相对于平均值不对称程度的特征数，它是一个三阶矩。针对股票等金融时间序列而言，偏度反映了分布的偏斜方向，其值的大小表示偏斜的程度。股票时间序列偏度

---

① WANG X Z, SMITH K , HYNDMAN R. Characteristic – Based Clustering for Time Series Data ［J］. Data Mining and Knowledge Discovery, 2006（13）：335 – 364.

S 的计算公式为[①]：

$$S = \frac{1}{n\sigma^3} \sum_{t=1}^{n} (x_t - \bar{x}_t)^3 \qquad (5-9)$$

各参数同峰度的参数一致。

6. 趋势项系数

趋势特征是股票时间序列的一个非常直观的特征，利用趋势特征来描述股票时间序列也是常用的方法之一，时间序列分解的加法模型和乘法模型都要利用其趋势项特征。本著作通过小波分解将股票日收盘价构成的长时间序列中的趋势项分离出来，然后提取趋势项的特征作为股票时间序列的一个全局特征。传统的趋势项有线性趋势、多项式趋势、幂函数趋势、指数趋势等。本书在实验中通过观察大量的股票价格长时间序列的长期趋势，发现股票价格长时间序列的长期趋势主要包括线性趋势，因此本书提取了线性趋势的系数。多项式系数计算如下：

$$d_t = \beta_0 + \beta_1 * t$$

$$\beta_0 = \mu_x - \beta_1 * \bar{t}$$

$$\beta_1 = \frac{\sum_{i=1}^{n} (x_i - \mu_x)(t_i - \bar{t})}{\sum_{i=1}^{n} (t_i - \bar{t})^2}$$

其中，n 为时间序列的长度，$\mu_x = \frac{1}{n} \sum_{i=1}^{n} x_i$ 为时间序列的期望值。

---

① WANG X Z, SMITH K, HYNDMAN R. Characteristic – Based Clustering for Time Series Data [J]. Data Mining and Knowledge Discovery, 2006 (13)：335 – 364.

$$\overline{t} = \frac{1}{n}\sum_{i=1}^{n} t_i = \frac{1}{2}\left(3 + \frac{1}{n}\right)$$

$$t_i = 1 + \frac{i}{n} \qquad i = 1,2,\cdots,n$$

$$t_0 = 1$$

针对股票电子信息 1 日收盘价构成的时间序列，利用上述各个特性中的计算公式，分别计算出幅值平方和、峰值、谷值、方差、峰度、偏度、趋势项系数等时域特性值，如表 5 – 4 所示。

表 5 – 4　股票电子信息 1 日收盘价时间序列部分时域特性值

幅值平方和	峰值		方差	峰度	偏度	趋势项	
	最大值	最小值				β_0	β_1
3. 564E4	11. 71	2. 23	4. 9470	0. 5884	2. 5302	5. 6074	0. 1522

7. 自相关系数和偏相关系数

股票市场时间序列具有非平稳的特点，而研究时间序列的相关系数是以时间序列的平稳性为前提的。如前文所述，在求取相关系数之前先用小波变换对股票时间序列进行多层分解，以得到平稳时间序列。因此求取自相关系数和偏相关系数是在对时间序列进行了去噪处理和小波变换的多层分解后进行的。自相关系数可以由式（5 – 4）求取。

偏相关系数是描述随机过程结构特征的另一种方法。偏相关系数 P_{kk} 的求取通过求解下列的矩阵方程得到：

$$\begin{bmatrix} \rho_0 & \rho_1 & \rho_2 & \cdots & \rho_{k-1} \\ \rho_1 & \rho_0 & \rho_1 & \cdots & \rho_{k-2} \\ & \cdots & \cdots & & \\ \rho_{k-1} & \rho_{k-2} & \rho_{k-3} & \cdots & \rho_0 \end{bmatrix} \begin{bmatrix} P_{k1} \\ P_{k2} \\ \vdots \\ P_{kk} \end{bmatrix} = \begin{bmatrix} \rho_1 \\ \rho_2 \\ \vdots \\ \rho_k \end{bmatrix}.$$

表 5 – 5 和图 5   6 分别给出了股票电子信息 1 日收盘价时间序列的自相关系数和偏相关系数的值和它们的曲线图。

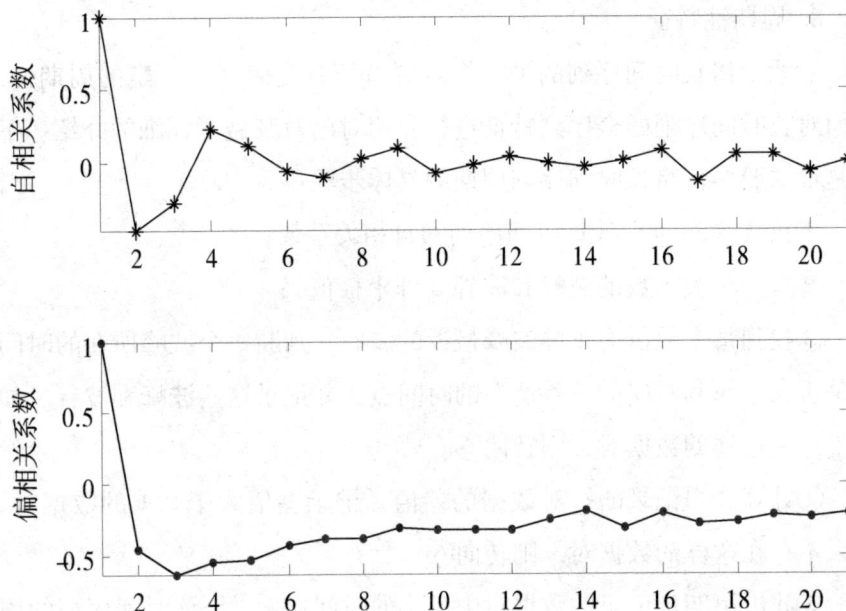

图 5-6　股票电子信息 1 日收盘价时间序列的自相关系数和偏相关系数曲线图

表 5-5　股票电子信息 1 日收盘价时间序列的自相关系数和偏相关系数

	自相关系数	偏相关系数		自相关系数	偏相关系数		自相关系数	偏相关系数
1	1.00000	1.00000	8	0.03240	-0.37856	15	0.00380	-0.18206
2	-0.45833	-0.45849	9	0.10136	-0.38220	16	0.08386	-0.29933
3	-0.28177	-0.62288	10	-0.07307	-0.30619	17	-0.12922	-0.20385
4	0.23177	-0.54461	11	-0.01623	-0.32060	18	0.04805	-0.26970
5	0.10873	-0.52777	12	0.03390	-0.32468	19	0.05241	-0.26363
6	-0.06080	-0.42392	13	-0.00102	-0.31889	20	-0.05468	-0.22015
7	-0.10766	-0.00678	14	-0.02730	-0.24670	21	0.01261	-0.19968

8. 周期性特征

股票价格长时间序列的另一个直观特征就是表现出一定的周期性，前面对长时间序列的全序列特征进行介绍时已对其做了详细的介绍。下面是抽取股票价格长时间序列周期的具体步骤：

①按式（5 - 4）计算时间序列的自相关系数；

②求自相关系数的波峰和波谷（即求极值）；

③找到每个数值为正的波峰最近的波谷，判断每个波峰所在的时间点是否大于与其对应的波谷所在的时间点，并记录这些波峰和波谷。如果不存在这样的数据对，则转向⑥。

④计算③中记录的每对数据的差值，记录差值大于 0.1 的数据对。如果不存在这样的数据对，则转向⑥。

⑤找出第四步记录的数据对中最小的时间点 $k_{\min}$ ，该时间序列的周期 $T = \gamma_{k_{\min}}$ 。计算结束。

⑥ $T = 1$ 。计算结束。

观察图 5 - 5 中自相关系数的波峰找到满足③的数据对，它们是 $k = 4$ 的波峰和 $k = 2$ 的波谷、$k = 12$ 的波峰和 $k = 10$ 的波谷、$k = 18$ 的波峰和 $k = 17$ 的波谷，按照表 5 - 5 给出的数据计算这些数据对的差值分别为 0.7901、0.10697、0.17727，都满足④的条件，按照⑤得到最小的时间点 $k_{\min} = 4$ ，其对应的自相关系数 $\gamma_{k_{\min}}$ ，因此该时间序列的周期 $T = 0.23177$ 。

三、基于小波分析的股票价格长时间序列分解

股票价格长时间序列的变化受许多因素的影响，一般来说有长期趋势因素、季节变动因素、周期变动因素和不规则变动因素。小波变换的多层分解可以将这些因素分解开来，从而有助于进行时间序列的分析和处理。

长期趋势因素反映的是股票市场在较长时间内的发展方向，它可以在一个相当长的时间内表现为一种近似直线的持续向上或持续向下或平稳的趋势，或者以某种近似指数或其他曲线的趋势形式进行发展，这就是股票市场的长期趋势。该趋势一经形成，通常可以延续很长一段时间，比如股票市场的持续向上的趋势（牛市）或持续向下的趋势（熊市）一般能延续长达几个月甚至几年。因此，分析股票市场的长期趋势对于更准确地预测股票价格的波动具有十分重要的意义。

由于非平稳时间序列（如股票价格时间序列）中各种因素交织在一起，所以很难判断趋势。而小波分析能将股票时间序列按时间价值序列的各因素分解成不同层次，使问题简化并易于分析，提高精度，减少计算的复杂程度和工作量。

根据小波分析理论，小波分解可以将股票价格时间序列一层一层分解到各种不同的频率通道上。因得到的新的股票价格时间序列的频率成分比原始时间序列的频率成分单一，并且在分解过程中原始时间序列得到了平滑处理，致使它比原始时间序列更平稳。因此，通常经过多次小波变换后，由趋势项、周期项和随机项构成的股票时间序列就能分解成不同尺度成分，从而使这些项较好地分离，且每一项也能按尺度大小分离，从而使复杂问题简单化，方便计算和处理。下面给出基于小波变换的股票价格长时间序列 $y(n) = \{y_1, y_2, \cdots, y_n\}$ 分解的具体过程：

首先，对股票价格长时间序列进行 j 层小波分解，得到 d_1，d_2，$\cdots$，d_j，C_j，重构各层得到 D_1，D_2，$\cdots$，D_j，C_j，且有：

$$D_1 = \{d_{11} + d_{12} + \cdots\cdots + d_{1N}\}$$

$$D_2 = \{d_{21} + d_{22} + \cdots\cdots + d_{2N}\}$$

$$\cdots \quad \cdots \quad \cdots$$

$$D_j = \{d_{j1} + d_{j2} + \cdots\cdots + d_{jN}\}$$

于是有

$$Y(n) = D_1 + D_2 + \cdots + D_j + C_j$$

其中，D_1，D_2，$\cdots$，D_j 为各层分解出来的高频部分，而 C_j 则是多分辨分析中第 j 层的低频部分。

然后，绘制 C_j 图。通过 C_j 图形，可以观察股票价格时间序列的长期趋势项，而通过 D_1，D_2，$\cdots$，D_j 可以观察股票价格时间序列的周期项和随机波动成分。如果观察到的长期趋势不明显，则增大 j 的值重新进行小波分解。通常 j 的大小取值为 3—7。常见的趋势项模型有线性趋势、多项式趋势。

本著作研究的方向是将股票价格长时间序列的各个特性抽取出来，然后进行聚类，不进行建模预测的研究。在实验中通过观察大量的股票价格长时间序列的长期趋势，发现股票价格长时间序列的长期趋势多项式趋势，因此本书提取了多项式的系数 β_0 和 β_1。

最后，分离出股票原始长时间序列中的趋势项和噪声，得到股票价格长时间序列的平稳时间序列部分。此时，可对平稳时间序列进行自相关系数和偏相关系数的求解。参见本节中的相关系数抽取部分。图5－7是用 Matlab 软件的小波工具箱对股票电子信息 1 日收盘价时间序列进行 4 层 Wavedec 小波分解后得到的图形。先对该时间序列用 wmaxlev 函数进行分解最大层数的计算，得到最大分解层数为 6 层，通过反复实验，发现，当分解层数为 4 层时，时间序列分解效果最好。其中，第一个图形 x 代表的是原始数据，x_{d4} 是该股票日收盘价长期走势，它是大尺度成分。$d1$、$d2$、$d3$ 和 $d4$ 分别为不同频率的小尺度成分。从图中可以看成 x_{d4} 与原始数据的趋势基本相同，而 4 个小尺度成分则围绕 0 进行上线波动。由此可见，该时间序列的趋势项已经得到了很好的分离。

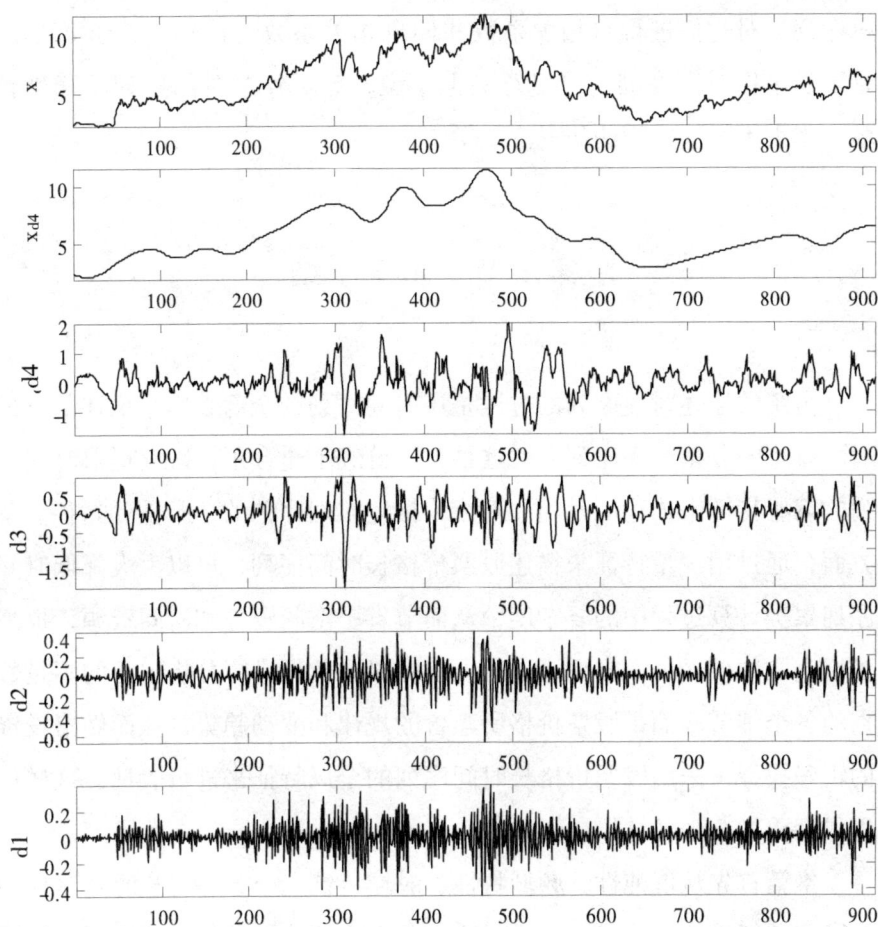

图 5-7 股票电子信息 1 日收盘价时间序列 4 层 wavedec 小波分解

大尺度 x_{d4} 是趋势项，在实验中通过观察大量的股票价格长时间序列的长期趋势，发现股票价格长时间序列的长期趋势主要是多项式趋势，因此本著作抽取了趋势系数，参见本节抽取趋势项的内容。$d1$、$d2$ 的波动范围较小，在精度要求不高的分析中可以认为是随机项而忽略，本书把它们认为是没有消除干净的噪声忽略掉。$d3$、$d4$ 是原时间序列分离掉趋势项和噪声后得到的分量，通过小波分解可以将非平稳时间序列分解成多层近似意义上的平稳时间序列，因此可以认为它们为平稳随机序列，对它们进行自相关系数和偏自相关系数的计算。关于 $d3$、$d4$ 是否是平稳时间序列，严格意义上来说，需要经过时间序列平稳性检验，本书不做这方面的研究。

第三节　本章小结

传统的描述时间序列的方法是用时间序列的全部数据来描述的，但对于海量的股票时间序列来说这种方法已经不适合了，因此提取时间序列的某些特征来描述原时间序列成为描述时间序列的一个重要途径。一方面，通过用少量特征来描述股票价格长时间序列，可以大大降低时间序列聚类计算过程中的复杂度，从而节省了空间资源和时间资源，提高了聚类的效率；另一方面，通常人们对股票数据进行分析关心的不是数据的各个细节，而是股票价格所蕴含的规律和变动趋势，从而做出投资的正确抉择，采用股票价格长时间序列的全局特征来进行表征，这样可以得到更为合理的结果。

本篇首先从混沌性、频域特性、时域特性三个方面对长时间序列的全序列特征进行了描述。然后讨论了基于小波分析的长时间序列全序列特征的抽取方法，得到股票时间序列的 12 个全局特征并构造其特征向量。每个股票时间序列对应一个特定的特征向量，通过特征向量来衡量时间序列之间的相似度，进而进行聚类分析。

最后论述了基于小波分析的股票价格长时间序列分解的步骤和算法。股票价格长时间序列的随时间的起伏受到许多因素的影响，一般来说有长期趋势因素、季节变动因素、周期变动因素和不规则变动因素。小波变换的多层分解可以将这些因素分解开来，从而有助于进行时间序列的分析和处理。

第六章

一种改进的聚类混合算法

本章由三部分组成：第一部分提出问题，探讨了基于减聚类的 CURE 聚类策略的目的；第二部分对 CURE 算法进行了描述，并给出了该算法的算法流程框图和主要模块的功能；第三部分对减聚类算法进行了概述，并且针对该算法中人为输入初始聚类半径的困难性，提出选取数据集合最中间的样本到距离它最远的样本之间的距离的一半作为初始聚类半径。基于 CURE 算法的不足和减聚类能自适应地确定聚类数和类中心的特点，本书提出了一种改进的聚类混合算法——CURBSC，并通过仿真实验分析了该算法的可行性和时间复杂度。

第一节　问题的提出

迄今为止，各种各样的对时间序列进行聚类的方法大量涌现，现有的文献对这些方法从不同的角度进行了分类。其中，根据聚类对象不同可以将时间序列聚类分为全序列聚类、子序列聚类和时间点聚类[1]；根

---

① KEOGH E, CHU S, HART D, et al. Segmenting time – series：A survey and novel approach ［C］//LAST M, KANDEL A, BUNKE H, et al. Data Mining in Time – series Databases. World Scientific, 2004：1 – 22.

据数据挖掘技术的不同通常将时间序列聚类分为基于划分的、基于层次的、基于密度的、基于网格的和基于模型五大类[1]。采用不同的聚类方法对同一数据集进行聚类会得到不同的聚类结果。每个聚类方法都具有各自的优缺点。因此，相关研究人员仍在致力于研究聚类能力强、执行效率高、参数设置简单的聚类方法。无论采用哪种聚类方法，表达方式共有两种，一种是用类中的一个点来表示一个类，该点可以是不存在的均值点，或者是最靠近均值点的实际存在的数据点；一种是用类中的全部数据点来表示该类。这两种方法各有优缺点，前者适用于类分布良好，呈现超球形状而且密度大小变化不大的情况，因此对于分布随意的类存在很大的局限性；后者适用于任意形状的类，但容易受到噪声点的影响，而且数据量较大时，I/O 负担较大，一般都不采用这种方式。在实际应用中，数据集中数据的分布是任意的，并不常常是以某个点为中心呈球形分布，也不会趋于密度分布均匀。它们的分布会呈现各种各样的形状，密度大小也变化多端。为了克服上述两种类表达方式的缺点，1998 年古哈（Guha）等人对这两种表达方式进行了折中，提出了 CURE（Clustering Using Representatives）算法[2]，该算法是一种聚结层次聚类算法，选择数据空间中固定数目的具有代表性的点来代表一个类，适于处理大规模数据集。CURE 算法先从类所有的点中选出分布良好的、能体现类形状的点，然后再把这些点向类的中心收缩，得到类的代表点。这样，这种方法不仅能识别任意形状的类，而且还能削弱噪声的影响，因此较好地解决了偏好球形和相似大小的问题，在处理孤立点

---

① 毛国君. 数据挖掘原理与算法［M］. 北京：清华大学出版社，2005：158 – 181.

② GUHA S, RASTOGI R, SHIM K. CURE：an efficient clustering algorithm for large database ［C］//Proceedings of the ACM SICMOD Conference on management of Data. Seattle, Washington：the ACM SIGMOD Conference on management of Data, 1998：73 – 84.

上也更加健壮。对于大型数据库，CURE 也具有良好的伸缩性，而且没有牺牲聚类质量。CURE 方法具有其他聚类方法不具备的上述优点，人们对此思想表现了浓厚的兴趣，众多基于代表点的聚类算法纷纷出现。古哈等① 1999 年又提出了面向分类属性数据的聚类算法 ROCK 方法；陶千云（QianYun Tao）② 提出了采用改进收缩策略的 CURE – Ns 方法，从而提高了 CURE 的聚类能力。

虽然 CURE 算法具有其他聚类方法不具备的优点，并且众多的改良方法也不断出现，但 CURE 依然存在一些不足。如前所述，CURE 算法给出了计算随机抽样尺寸大小的方法和确定代表点的方法，但没有给出计算分区数和如何分区的理想方法。另外，由于参数较多，造成参数设置困难、执行时间较长等问题。

秋（Chiu）提出的减聚类算法是一种相对简单而又有效的聚类算法③，它能根据数据点密度指标来自动确定聚类中心的位置和个数，能够有效地反映数据的分布状况。由于它是一种粗聚类，因此通常不单独作为一种有效的聚类方法，而是和别的聚类算法或数据挖掘技术相结合来对数据集进行挖掘④⑤。

基于 CURE 算法存在的不足，本书提出了一种改进的聚类混合算法，即 CURBSC（Clustering Using Representative Based on Subtractive

① S. GUHA R，SHIM R K. ROCK：A robust clustering algorithm for categorical attributes [J]．Information Systems，2000，25（5）．

② QIAN Y T，SHI Q S，WANG Q. CURE – NS：A hierarchical clustering algorithm with new shrinking scheme [C] // Proceedings of International Conference on Machine Learning and Cybernetics，2002. IEEE Xplore，2003 – 02 – 19.

③ CHIU S. Fuzzy model identification based on cluster estimation [J]．Intelligent &Fuzzy Systems，1994，2（3）：68 – 72.

④ 李葵芳，于佐军．一种新型基于样本空间密度的改进聚类算法 [J]．控制工程，2008（S2）：99 – 101.

⑤ 李超，赵佰亭，曾庆双．基于减聚类和 T – S 模糊神经网络的转台故障诊断系统 [J]．中国惯性技术学报，2008，17（3）：374 – 378.

Clustering）算法。该算法以 CURE 聚类算法为核心，采用减聚类算法获得初始聚类中心，并以初始聚类中心为基准将大型数据集分成若干分区，解决了采用随机抽样分区带来的盲目性，从而提高了分区的精确性。

第二节　基于代表点的时间序列聚类（CURE）

一、CURE 算法主要思想

CURE 算法是一种凝聚层次聚类算法，它首先提出了使用多代表点描述类的思想，该算法是对以类中一个点作为代表点的方法和以全部点作为代表点的方法的折中，是一种中间策略。其核心就是采用多个代表点的层次聚类思想来识别数据空间中的形状多变和大小不同的类。它既不用单个质心或对象来代表一个类，也不用类中的全部对象来代表一个类，而是选择数据空间中固定数目的具有代表性的点来代表一个类。其具体过程是：首先选择类中分散的对象，然后根据一个特定的收缩因子 α 向类中心移动（收缩）它们，接着对两个类中收缩后的代表点进行相似性度量来判断两个类是否相似，如果两个类的代表点对具有最小距离，则认为这两个类相似，合并这两个类。反复进行上面的操作，直到生成预先设定的 N 个类为止。对于不同的类，其收缩因子 α 可能不同。类的收缩可以有效降低孤立点的影响，而每一个类用多于一个的代表点来表示使得 CURE 算法可以适应非球形的几何形状。因此，CURE 不仅能够识别非球形的类以及大小变化悬殊的类，而且更能合理地处理孤立点。

为了使算法能适用于大型数据库的海量数据集的聚类，CURE 采取了两类技术——随机抽样技术和分区聚类技术。随机抽样技术就是从数据库中随机选择一定数目的对象聚类，而不是针对整个数据集聚类。对于大型数据集来说，采用随机抽样技术可使聚类对象显著减少。这样，使用随机抽样技术不仅可以减少聚类过程中算法的运行时间，提高处理数据的效率，而且将随机抽样技术和其他孤立点剔除技术结合，可以过滤掉大部分的孤立点，并使孤立点间的差异度更大，从而提高聚类结果的质量。而分区聚类技术则是将随机抽样得到的样本空间平均划分为 r 个区域，就是提前设定好初始聚类中心并指定一个距离阈值，由近向远计算每个初始聚类中心周围的各个数据和该初始聚类中心的距离，把每个对象归为满足条件的初始聚类中心所在的类，此为第一遍聚类。分区完成后，将每个区域看成一个对象对所有区域进行第二遍聚类得到最终结果。

CURE 聚类算法不用单个质心或对象来代表一个类，而是选择数据空间中固定数目的具有代表性的点。当某个类中的数据数多于所需代表点的个数，就要对该类进行收缩，也就是对该类的代表点进行选择。代表点的选取方法是：先选出离该聚类中心点最远的数据点作为第一个代表点，其后的代表点是选取距离前一个选出的代表点距离最远的数据点。现在距离的计算方法有很多，可以采用欧几里得距离、曼哈顿距离或拉格朗日距离等。

CURE 算法的主要思想为[①]：

第一，CURE 算法采用的是凝聚层次聚类。凝聚层次聚类是一种自底向上的策略，首先将每个对象作为一个独立的类，然后从最相似的对象开始合并这些类为越来越大的类，直到所有的对象都在一个类中，或

---

① 武森，高学东，BASTIAN M. 数据仓库与数据挖掘［M］. 北京：冶金工业出版社，2003：208－211.

者满足某个终结条件。由于 CURE 算法是采用多个代表点来表示一个类，因此其聚类结束依据是满足某个终结条件。

第二，CURE 算法的核心思想——采用多个对象代表一个类。由于 CURE 算法采用多个对象来代表一个类，并通过收缩因子来调节类的形状，因此能够处理非球形的对象分布。

第三，采用随机抽样技术和分区聚类技术处理大型数据集。随机抽样技术是从整个数据集中随机抽取一定数目的对象形成样本集代表整个数据集来进行聚类，这样可以减少数据量，从而提高算法的执行效率。分区聚类技术将数据集分割为几个区域，对几个区域分别进行聚类成子类，然后再对子类进行聚类形成新的类。

第四，非样本数据的分配。由于 CURE 算法采用随机抽样技术得到一个样本集代表整个数据集进行聚类。在完成对样本的聚类之后，各个类中只包含有样本对象，对于整个数据集来说，经过随机抽样处理后还剩余大量的数据没有参与聚类，因此 CURE 算法还需要将这些数据按一定策略分配到相应的类中。

第五，异常值的剔除。CURE 算法采用两步对数据集中存在的异常值进行剔除。由于异常值同其他对象的距离更大，所以其所在的类中对象数目的增大就会非常缓慢，甚至不增长。因此，在聚类过程中首先将增长非常缓慢的类作为异常值除去，然后在聚类基本结束时将数目明显少的类作为异常值除去。

二、CURE 算法的主要模块

基于 CURE 算法的核心思想，本著作将 CURE 算法分为四个模块：设置聚类中心、样本集分区、剔除异常点、基本聚类。CURE 算法流程框图如图 6-1 所示。

```
┌──────────────┐
│    开  始    │
└──────────────┘
       │
       ▼
┌──────────────┐
│   输入样本集  │
└──────────────┘
       │
       ▼
┌──────────────┐
│  设置初始聚类中心 │
└──────────────┘
       │
       ▼
┌──────────────┐
│   样本集分区  │
└──────────────┘
       │
       ▼
┌──────────────┐
│   剔除异常点  │
└──────────────┘
       │
       ▼
┌──────────────┐
│    基本聚类   │
└──────────────┘
       │
       ▼
┌──────────────┐
│   输出聚类结果 │
└──────────────┘
       │
       ▼
┌──────────────┐
│    结  束    │
└──────────────┘
```

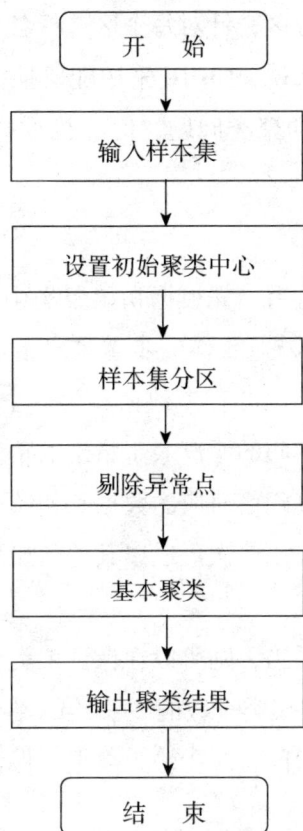

图 6 - 1 CURE 算法流程框图

（一）设置初始聚类中心

如前所述，CURE 聚类是一种新颖的层次聚类算法，该算法选择基于质心和基于代表对象方法之间的中间策略。即选择数据空间中固定数目的具有代表性的点，而不用单个质心或对象来代表一个类。在层次聚类方法中，最底层每一个数据都被作为一个类，而最上层所有元素都在一个类中。如果把最底层每一个数据都被作为一个类来进行聚类，对于大型数据库而言处理起来非常困难。为了提高处理数据的效率，先从类中的所有点中选出分布良好的、能体现类形状的初始聚类中心，然后以其为基准将整个数据集分区，针对每个区选择各自的代表点，最后对每个分区进行分类。一般来说，CURE 采用随机抽样和分区聚类技术，这样能高效处理大数据集的聚类问题，但随机抽样往往又带来操作的盲目性。

（二）样本集分区

设置好初始聚类中心后，先根据初始聚类中心将整个样本集分成 r 个分区，每个分区大小 n/r。具体的步骤是：指定一个距离阈值，由近向远计算初始聚类中心周围的各个数据和第一个初始聚类中心的距离，当某个数据和初始聚类中心的距离大于指定的距离阈值的时候，则停止计算。距离值不大于距离阈值对应的数据和初始聚类中心共同形成了一个初始类。采用相同的方法依次形成以其他初始聚类中心为基准的初始类，完成对样本集的分区。

只要分区均匀并且适当，则可以在保证聚类质量的同时提高聚类效率。通常分区数 r 为最终聚类个数的2—3倍。在 CURE 算法中，采用样本集分区可以减少执行时间，减少输入数据，保证可以在内存中存放所有聚类的代表点。

（三）异常点的处理

本著作研究的是股票日收盘价的时间序列构成的数据集，每只股票对应的时间序列是其中的一个数据。同一般数据不同，时间序列不可能由于一些错误或噪声而产生，因此此类数据集中不可能存在异常点。CURE 法认为，同其他对象的距离更大的点为异常点。由于股票时间序列数据的特殊性，为了数据的完整性，本著作对于 CURE 规定的"异常点"不予剔除，聚类结束后，股票分析者或股票投资者在研究聚类结果时，可根据自身的需要决定是否关注作为"异常点"的股票。

（四）基本聚类

在样本集分区模块中将初始样本集划分为 r 个分区，此时可以认为

此样本集有 r 个类，然后对 r 个类进行聚类。首先计算每两个类之间的距离 $dist(p, q)$，将距离最小的两个类 u、v 合并到一起，然后对合并后得到的类进行收缩。

类之间的距离定义为两个类的代表点之间的最小距离，即

$$dist(u, v) = \min_{p \in u.rep, q \in v.rep} dist(p, q)$$

其中，$dist$ 为欧几里得空间中两个对象之间的标准欧几里得距离；u、v 分别为找到的最近的两个类；p、q 分别为 r 个类中的任意两个类。

在 CURE 算法中，对于每个类都要选择 m 个点作为类的代表点，m 个代表点体现了这个类的物理几何形状。两个类合并后形成的新类会产生多于 m 个的代表点，则通过收缩因子 α 向中心收缩来重新选择 m 个代表点。收缩因子 $0 < \alpha < 1$ 是可调的，一般取其在 $0.2 \sim 0.7$ 之间。

反复本模块的过程，直到最后得到的类的个数等于预先设定的 k 个最终类数。图 6 - 2 给出了基本聚类模块的流程图。

与其他的聚类算法相比，CURE 算法具有以下几个优点：

①采用代表对象的分布特性算法既可以发现任意形状的聚类，也可对类大小不一致的数据集进行聚类。

②随机抽样技术与孤立点剔除技术的结合，使得孤立点不会对算法产生任何影响。

③将随机抽样技术与分区聚类技术融合到一起，可对大型数据集进行高效的聚类。

④使用代表点分配对象可将全体待分配的对象重新分配到正确的类中，而不必关注类的形状是否为球状的、类间尺寸差异有多大。

CURE 方法也存在着一定的弊端，最突出的是需要提前确定初始聚类中心、收缩因子、代表点数、分区数和随机抽样尺寸等多个参数。CURE 算法仅仅给出了计算随机抽样尺寸大小和确定代表点的算法，但还没有较好的办法计算分区数以及对数据集进行理想的分区。因此，为

开始

输入样本集 x，初始聚类中心，
分区间距阈值 d_0，最终类数 k，
收缩因子 α，代表点数 m

计算样本长度 n

以初始聚类中心为基准
将样本集分成 kk 个类

$kk > k$ ？ 否 → 输出聚类 → 结束

是

计算每两个类
之间的距离 $dist$

合并 $dist$ 最小的两个类

合并后的类的
样本数 $> m$ ？ 否

是

用收缩因子 α 对
类进行收缩处理

计算收缩后的类
中的代表点的值

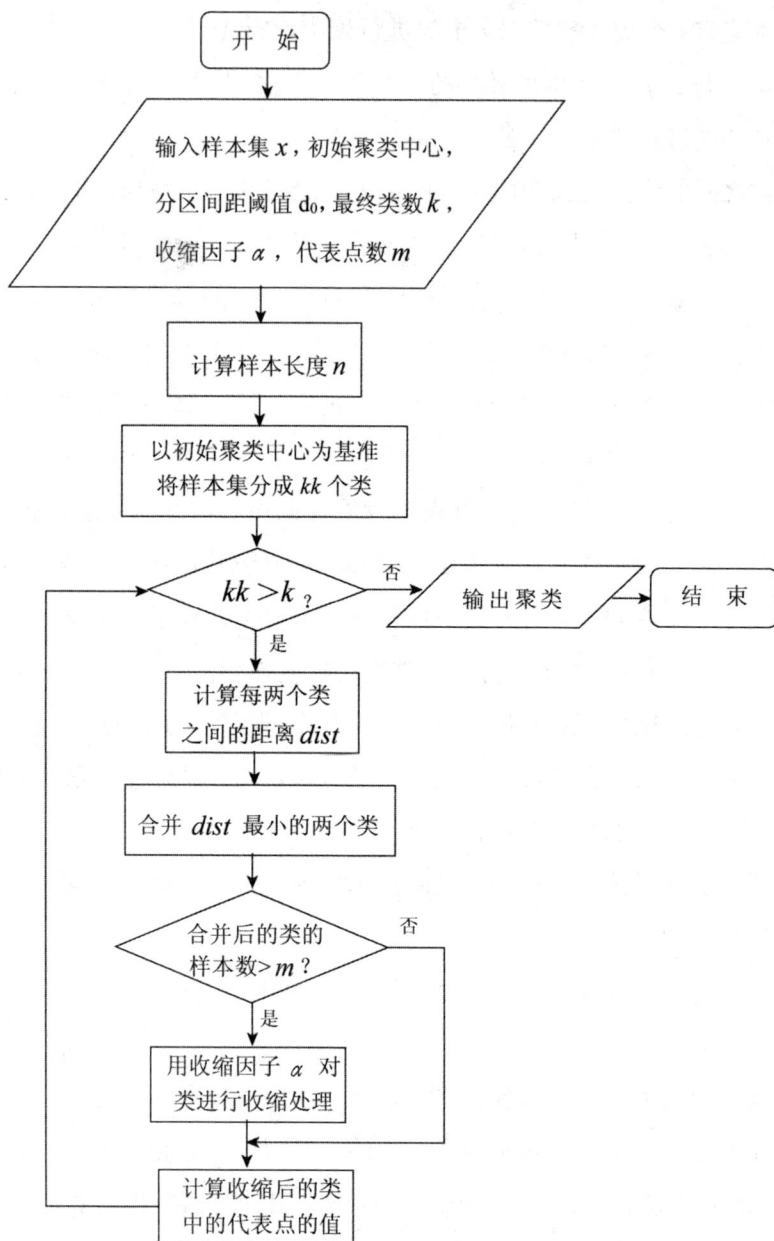

图 6－2　CURE 基本聚类模块流程图

了提高处理数据的效率，首先要从类中的所有点中选出分布良好的、能体现类形状的初始聚类中心，然后以这些初始聚类中心为基准计算数据集中所有点与它们的距离从而将数据集进行分区，并在每个分区中以这些初始聚类中心为基准选择每个分区的代表点，得到初始类代表点。

第三节　一种改进的聚类混合算法——CURBSC

基于 CURE 的核心思想以及 CURE 算法尚存在的不完善之处，本专著提出了一种改进的聚类混合算法，即 CURBSC（Clustering Using Representative Based on Subtractive Clustering）算法，该算法以 CURE 聚类算法为核心，采用减聚类算法获得初始聚类中心，并以初始聚类中心为基准将大型数据集分成若干分区，解决了采用随机抽样分区带来的盲目性，从而提高了分区的精确性。

一、减聚类概述

（一）减聚类算法流程

减聚类算法是一种相对简单而又有效的聚类算法，它能自适应地确定聚类数和类中心。该算法不是一种精确的聚类算法，而是根据数据相关性大致估计聚类的一种算法。它将每个数据样本看作是潜在的聚类中心，然后通过计算"峰"函数一步步地确定聚类中心。

减聚类首先计算每个样本点的密度指标，如果该样本点周围的点多，则密度指标就大，然后将密度指标最大的样本点选为第一个聚类中心，选定第一个聚类中心后，所有样本点的密度指标根据样本点距离第一个聚类中心的距离做相应的调整，离第一个聚类中心越近的样本点，其密度指标减小得越大。而下一个聚类中心选在调整后的密度指标最大的样本点上，然后再对所有样本点的密度指标进行调整，寻找下一个聚类中心，依次进行，直到找到足够多的聚类中心。它不需要预先确定聚类数，能够自适应地确定聚类数及类中心。该方法可以独立地实现聚类功能，也可以为其他的聚类方法提供初始中心。

减聚类的详细步骤如下：

①计算每个数据点的密度指标

以 n 维空间的 M 个数据点 $(X_1, X_2, \cdots, X_M)$ 为研究对象，首先对数据进行归一化处理，定义数据点 X_i 处的密度指标为：

$$D_i = \sum_{i=1}^{M} \exp\left[-\frac{\| X_i - X_j \|^2}{(r_a/2)^2} \right] \qquad (6-1)$$

式（6-1）中正数 $r_a > 0$ 是数据点 X_i 的一个邻域半径，该半径以外的数据点对该点的密度指标贡献甚微。然后按照式（6-1）计算每个数据点的密度指标。

②选择第一个聚类中心

计算得到所有数据点密度指标的最大值，将其对应的数据点定义为第一个聚类中心 $D_{c1} = \max(D_j)$，$X_{c1} = X_j$，其中 X_{c1} 为选中的第一个聚类中心，D_{c1} 为其密度指标。

③选择下一个聚类中心

对每个候选点 X_i 的密度进行修正，修正公式为：

$$D_i = D_i - D_{c1} \exp\left[-\frac{\| X_i - X_{c1} \|^2}{(r_b/2)^2} \right] \qquad (6-2)$$

常数 $\gamma_b = \eta\gamma_a$ 定义了一个密度指标显著减小的邻域，通常大于 γ_a，这样可以避免相距很近的聚类中心。对每个候选点 X_i 的密度进行修正后，靠近第一个聚类中心 X_{c1} 的数据点的密度指标将显然减小，使得这些点不太可能成为下一个聚类中心。按照式（6-2）修正每一个数据点的密度指标，求取这些修正后的密度指标的最大值 D_{max}，该最大值对应的数据就是选定的聚类中心 X_{c2}。

④聚类终止。对步骤③的过程不断重复，直到满足当前最高密度指标 D_{max} 同初始最高密度指标相比非常小，即式（6-3）成立，则聚类过程结束，得到聚类中心。

$$D_{max}/D_{c1} < \varepsilon, \quad \varepsilon \in (0,1) \tag{6-3}$$

式（6-3）的物理意义为 D_{max} 很小时，也就是说当前聚类中心包含极少数据点时，则可忽略该类中心，从而结束聚类。

（二）减聚类参数的确定

减聚类算法在计算过程中用到了 $\gamma_a, \eta, \varepsilon$ 三个参数。一般取 η 的取值在 1 到 2 之间，ε 的取值在 0 到 1 之间。当对一个数据库进行聚类时，可先对训练集进行聚类，先输入一个初始的 η 和 ε，然后经过多次实验确定合适的 η 和 ε 值。聚类半径 γ_a 是人为输入的。对于不同的数据库，聚类半径 γ_a 的值差异很大，无法给定估计值，更无法给出确定值。为了解决这个问题，有一文献①提出了一个计算初始聚类半径 γ_a 的公式：

$$r_a = \frac{1}{2} \min_k \{ \max_i \{ \parallel X_i - X_k \parallel \} \} \tag{6-4}$$

也就是选取数据集合最中间的样本到距离它最远的样本之间的距离的一半作为初始聚类半径 γ_a。

减聚类算法流程如图 6-3 所示。

---

① 裴继红，范九伦，谢维信. 聚类中心的初始化方法［J］. 电子科学学刊，1999，21（3）：320-325.

输入数据集 X 和初始参数 η, ε

计算初始聚类半径
$$r_a = \frac{1}{2}\min_k\left\{\max_i\left\{\|X_i - X_k\|\right\}\right\}$$

计算每个样本的密度值
$$D_i = \sum_{j=1}^{n}\exp\left(-\|X_i - X_j\|_2^2\bigg/\left(\frac{\gamma_a}{2}\right)^2\right)$$

$$D_{c(1)} = \max(D_i), X_{c(1)} = X_i,$$
$$D_{c(0)} = 0, k = 1$$

否

$$D_{c(k)} > \varepsilon D_{c(k-1)}$$

是

输出聚类中

更新样本的密度值
$$\gamma_b = \eta\gamma_a$$
$$D_i = D_i - D_{c(k)}\sum_{j=1}^{n}\exp\left(-\|X_i - X_{c(k)}\|_2^2\bigg/\left(\frac{\gamma_b}{2}\right)^2\right)$$

$$k = k + 1$$

$$D_{c(k)} = \max(D_i)$$
$$X_{c(k)} = X_i$$

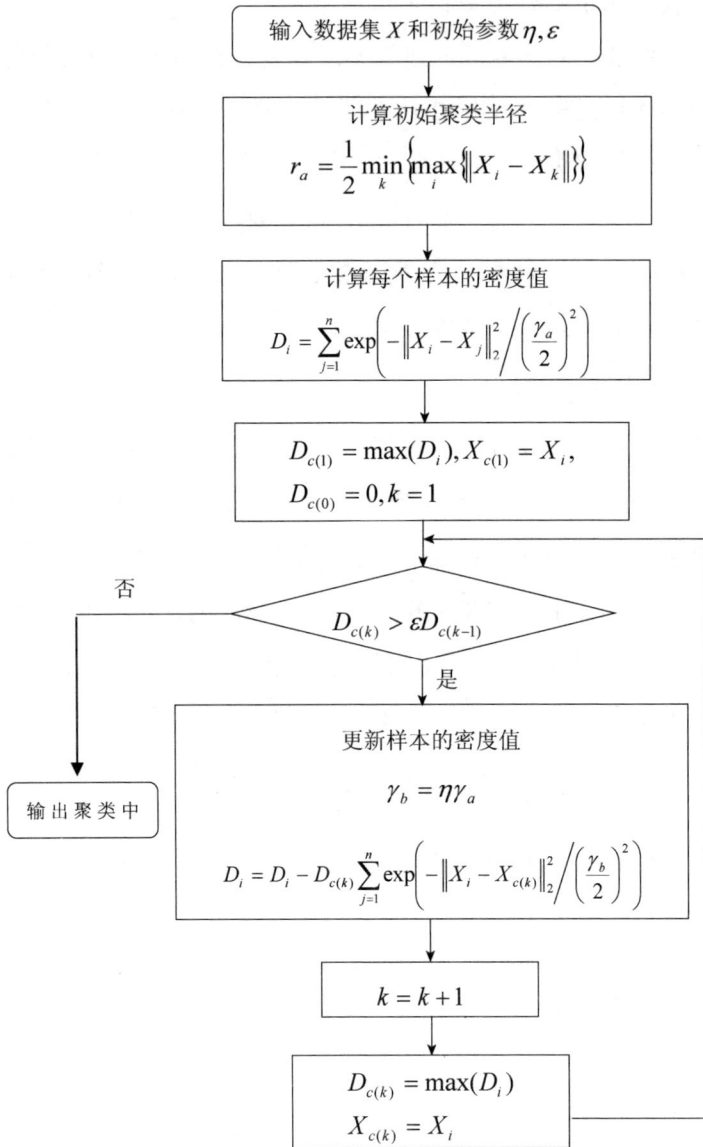

图 6-3 减聚类算法流程图

150

二、CURBSC 算法流程

对于大型数据库，为了提高聚类速度，CURE 算法采用随机抽样和分区聚类技术，将大型数据库分成若干小类，并选取其中的若干代表点表示各个小类。这样虽然处理速度得到了一定的提高，但是随机分区会将本该属于同一类划到两个类中，从而降低了聚类的有效性。为了提高聚类的有效性，更准确地数据库本身的内在规律性，采用减聚类法来获得数据的初始聚类中心并进行分区。

CURBSC 聚类算法是以 CURE 算法为核心，采用减聚类算法获得初始聚类中心，并以初始聚类中心为基准将大型数据集分成若干分区。

CURBSC 算法流程如下：

第一步，输入数据集 x 和参数。

输入的参数包含两部分，减聚类中用到的参数和 CURE 中用到的参数。

参数 η, ε 是减聚类中用到的参数。其中 γ_a 为聚类半径，改进的减聚类算法中程序可自行计算得出，不再作为输入参数；$\eta\gamma_a$ 用来定义一个密度指标显著减小的邻域，从而可以避免串行相距很近的聚类中心，一般取 $\eta = 1.5$；ε 的取值在 0 到 1 之间，本书取其为 0.275。

参数最终类数 k、收缩因子 α 和代表点数 m 是 CURE 中用到的参数。收缩因子 $0 < \alpha < 1$ 是可调的，一般取其在 0.2~0.7 之间。最终类数 k 和代表点数 m 由用户自行决定。

第二步，按照图 6-3 给出的减聚类算法流程图输出该数据集的聚类中心。

第三步，以第二步得到的聚类中心为基准将输入的数据集进行分区。

第四步，选取代表点。

　　将每个分区作为一个小类，分别选取每个小类的代表点。代表点的选取方法：先选出离该聚类中心点最远的数据点作为第一个代表点，其后的代表点是选取距离前一个选出的代表点距离最远的数据点。现在计算距离的方法很多，可采用欧几里得距离、曼哈顿距离或拉格朗日距离等。本书采用了欧几里得距离算法。

　　第五步，基本聚类。

　　按照图6-2给出的CURE基本聚类模块流程进行聚类，输出最终聚类结果。

三、CURBSC算法聚类实验与分析

　　为了验证CURBSC算法的可行性，本专著采用了UCI数据库中三个数据集的数据，分别对其进行CURE和CURBSC的仿真实验。

　　Wine数据集包含178个实例，每个实例由13个特征属性组成，类别属性有3个，任务是根据每个实例的13个特征属性来决定该实例属于3个类别中的哪一类；Ecoli数据集是由336个实例组成的，共分为8个类，每个实例都由8个特征属性来表征；Mushroom数据集收集了8124个实例，分别属于2类，每个样本包含22个特征属性，由这22个属性来判断这些实例各属于哪个类别。

　　（一）实验结果

　　为了保证聚类结果的有效性，对每个数据集中的数据都反复进行了10次实验，求出每个类别中10次实验得到的正确案例个数的平均值，然后得到聚类结果的平均准确率，实验结果如表6-1、表6-2、表6-3所示。

　　实验中各个参数针对不同的数据集取值不尽相同，经过反复实验，得到比较合理的参数取值。η取为1.2，ε针对三个数据集分别为0.26，

0.275，0.25，k 就是每个数据集的类别数，α 针对三个数据集分别为 0.4，0.25，0.32。只要 η 在 1.1～1.5 之间取值，ε 和 α 在 0.2～0.8 之间取值，就能取得较好的聚类结果。从聚类结果可以看出，CURBSC 算法对数据进行聚类是可行的，无论是对大数据量的数据库或对较小数据量的数据库，还是对属性维度大的数据库或属性维度小的数据库，该方法都能取得较为满意的聚类效果，它的聚类准确率明显高于 CURE 算法的聚类准确率。

表 6 - 1   Wine 数据集聚类结果

类别	Class 1	Class 2	Class 3
各类原有的实例个数	59	71	48
CURBSC 的正确实例个数	53.81	63.28	40.59
CURE 的正确实例个数	52.13	61.42	38.96
CURBSC 准确率（%）	91.20	89.13	84.56
CURE 聚类的准确率（%）	88.36	86.51	81.17

表 6 - 2   Ecoli 数据集聚类结果

类别	cp	im	pp	imU	om	omL	imL	imS
各类原有的实例个数	143	77	52	35	20	5	2	2
CURBSC 的正确实例个数	132.07	69.85	45.43	31.51	17.08	4.43	1.83	1.75
CURE 的正确实例个数	130.32	68.19	44.83	31.07	16.55	4.29	1.71	1.69
CURBSC 准确率（%）	92.36	90.71	87.37	90.03	85.40	88.60	91.50	87.50
CURE 聚类准确率（%）	91.13	88.56	86.21	88.77	82.75	85.80	85.50	84.50

表 6 – 3 Mushroom 数据集聚类结果

类别	edible	poisonous
各类原有的实例个数	4208	3916
CURBSC 的正确实例个数	4015	3723
CURE 的正确实例个数	3817	3525
CURBSC 准确率（%）	95. 41	95. 07
CURE 准确率（%）	90. 71	90. 02

（二）算法评价

1. 聚类结果评价

为了进一步验证本著作提出的改进算法的有效性，采用了一种计算相似程度的方法来评估聚类结果，参见卡尔帕基斯等人的文献①。

假定两个聚类结果为：

真实的聚类结果为 $A = A_1,\ A_2,\ \cdots,\ A_{k;}$

采用某种聚类方法得到的聚类结果为 $B = B_1,\ B_2,\ \cdots,\ B_k$

对两个聚类结果按式（6 – 4）计算指标：

$$Sim(A,B) = \frac{\sum_{i=1}^{k} \max_j Sim(A_i,B_j)}{k} \qquad (6-4)$$

其中 $Sim(A_i,B_j) = \dfrac{2\,|A_i \cap B_j|}{|A_i| + |B_j|}$。

当 $Sim(A,B)$ 越大时，说明两个聚类结果越相似，则证明用某种聚类方法得到的聚类结果越合理，该聚类算法有效性越好，反正，则认为用某种聚类方法得到的聚类结果不合理，从而证明了该聚类算法有效性较差。

---

① KALPAKIS K, GADA D, PUTTAGUNTA V. Distance measures for effective clustering of ARIMA time – series［C］// Proceedings Of IEEE International Conference on Data Mining. San Jose, CA, USA：IEEE International Conference on Data Mining, 2001.

本书对 Ecoli 数据集本身提供的真实结果和用本书提出的 CURBSC 方法的聚类结果按式（6-4）计算相似程度值，得到 Sim（A，B）= 0.873，接近 1。这个计算结果说明本著作提出的 CURBSC 算法有效性较好。

2. 时间复杂度评价

现在讨论算法的时间复杂度。假设输入数据集中数据的个数为 n，代表点的个数为 m。CURBSC 算法主要由减聚类计算初始聚类中心、寻找代表点和 CURE 基本聚类三大部分组成。减聚类是基于密度的聚类，计算第一个聚类中心时要计算任何两个数据点之间的距离并进行比较，以后每计算一个聚类中心都要进行该聚类中心与非聚类中心数据的聚类并比较，因此时间复杂度为 O（n^2）。对于寻找代表点，因为代表点的个数为 m，显然其时间复杂度为 O（m）。每个选定的聚类中心都要和其他的非聚类中心的数据进行距离比较，假设输入样本集 S 中数据对象总数为 n。因为 $n > m$，因此综合上面的时间复杂性的分析可以得出，CURBSC 算法的时间复杂度是 O（n^2）。CURE 算法的时间复杂度也是 O（n^2）①。所以 CURBSC 的算法和 CURE 算法的复杂度都是 O（n^2）。在时间复杂度方面，CURBSC 算法并不占优势。

第四节　本章小结

目前，现有文献中存在大量的、各种各样的对时间序列进行聚类的算法。所有的聚类方法都具有各自的优缺点。因此，人们仍在致力于研

---

① 贺玲，吴玲达，蔡益朝. 数据挖掘中的聚类算法综述［J］. 计算机应用研究，2007，1：10-13.

究聚类能力强、执行效率高、参数设置简单的聚类方法。CURE 算法是用于处理大规模数据集的聚结层次聚类算法。CURE 算法较好地解决了偏好球形和相似大小的问题，在处理孤立点上也更加健壮。对于大型数据库，CURE 也具有良好的伸缩性，而且没有牺牲聚类质量。但 CURE 没有给出计算分区数和如何分区的理想方法。因此，本著作提出了一种改进的聚类混合算法，即 CURBSC（Clustering Using Representative Based on Subtractive Clustering）算法，该算法以 CURE 聚类算法为核心，采用减聚类算法获得初始聚类中心，并以初始聚类中心为基准将大型数据集分成若干分区，解决了采用随机抽样分区带来的盲目性，从而提高了分区的精确性。

本篇首先探讨了基于减聚类的 CURE 聚类策略的目的，然后对 CURE 算法和减聚类算法进行了描述，给出了它们的算法流程框图和主要模块的功能。在这些基础上提出了一种改进的聚类混合算法——CURBSC。为了验证 CURBSC 算法的可行性，本专著采用了 UCI 数据库中的三个数据集的数据，分别对其进行 CURE 和 CURBSC 的仿真实验。实验结果表明，改进的聚类方法能取得较为满意的聚类效果，它的聚类准确率明显高于 CURE 算法的聚类准确率。为了进一步验证本书提出的改进算法的有效性，采用了一种计算相似程度的方法来评估聚类结果，计算结果说明本书提出的 CURBSC 算法有效性较好。

第七章

股票价格长时间序列聚类实证分析

证券市场作为最为活跃的金融市场之一，一直为人们所关注。近几年，随着我国市场经济建设的高速发展和市场经济体制的不断完善，人们的金融意识和投资意识日益增强。由于我国股市发展迅速，越来越多的投资者把眼光投向了股票。投资者追求的是投资收益的最大化和投资风险的最小化，因此分析股票、了解股市成为众多投资者投资过程的一个必要步骤。但是股票数据的海量和高维度使人们不可能逐一分析每只股票从而快速获取需要的信息。因此将一组股票进行分类研究分析，代替了以往对单只股票的分析，成为人们分析股票、把握股票的总体特征从而预测股票价格变动趋势的重要方法。本章的目的就是通过对股票日收盘价构成的长时间序列进行聚类，将不同波形相似或特征相近的股票聚类到一组，以利于分析者根据自己的兴趣从其他方面对股票进行分析，找出不同股票之间一些共性的信息，从而揭示出其中所蕴含的发展规律，得到某只或某些股票价格长期或短期的变动趋势，以便为投资股票做出正确的决策。

本章共分为三个部分：第一部分给出了一组股票日收盘价的长时间序列数据，并采用小波去噪方法对其进行预处理，作为采用 CURBSC算法进行聚类的对象；第二部分从经过预处理的股票价格长时间序列数据中抽取出它们的全序列特征，并对其进行了归一化处理；第三部分用全序列特征对股票价格长时间序列数据进行重新描述，实现了对原始时间序列的维度简约；对重新描述生成的数据集进行 CURBSC 聚类实验。最后对实验结果进行分析并给出结论，指出算法中存在的不足并对未来的研究进行了展望。

第一节　股票价格长时间序列的预处理

　　股票价格长时间序列预处理是股票分析中很重要的一环，因为股票价格长时间序列的生成过程受到各种各样因素的影响，必然会携带很多不同的噪声，包括人为噪声和自然噪声。

　　股市信息中携带的噪声表明股票价格和股票价值之间存在着一定的偏离，而噪声的大小则意味着二者的偏离程度大小。较长时间内，如果这些偏离的均值一直不为零，那么股市的价格效率以及社会效率就会大大降低，因此有不少研究人员一直致力于消除噪声的研究工作。但是，从本质上来看，现实生活中存在着噪声必然性的基本前提，致使股票信息中的噪声无法彻底根除。第一个前提——交易者拥有的信息不全面和获取信息需要成本是噪声及噪声交易者得以存在的一个重要原因。事实上，因为经济运动本身是不确定的，并且众多交易者自身的资本实力、所拥有的投资理念以及对风险的厌恶程度都是不同的，那么需要付出的信息搜索成本也是不同的，这就造成不可能所有的交易者都掌握同样的全部股票信息，因此，噪声交易者必然长期存在。他们对价格的影响也必然长期存在。第二个前提——我国国有企业股份制改造的不规范性导致了短期投资交易者必然存在。当前，我国正处于市场经济体制深化改革的攻坚阶段，国有企业股份制的改造尚不规范，从而造成长期经济因素的变动很不确定，因而导致很多投资大户为了追求高额利润，抱着投机心理，投入巨额资金，但他们却不关注基本面，企图通过人为操纵股市、内幕交易等非正常手段进行短期操作。因此短期投资交易者也是必然存在的。由此可见，噪声及噪声交易者都会在长期内必然存在。股票价格长时间序列中的噪声也就必然存在，无法根除。

一、数据的获取

文中以上海证券和深圳证券的日收盘价指数构成的时间序列作为研究对象。选取日收盘价指数是因为日收盘价指数比较有代表性，更能反映市场行情，无论是对投资者还是对融资者来说，日收盘价指数都是很重要的。考虑房地产、电子信息近几年发展迅速，以及酒店旅游和交通运输受节假日的影响比较大，同时为了实验的简单起见，在这几个行业中选取了 2006 年 1 月 1 日到 2009 年 12 月 31 日的 40 只股票的连续交易日的日收盘价组成的时间序列。由于各个证券公司的行情分析软件提供的数据格式不尽相同，并且不适合用于 MATLAB 的数据格式，因此笔者将下载得到的数据转换成 MATLAB 软件能够读取的格式。虽然现在的股票信息是公开的，但为了避免不必要的麻烦，对用到的四个板块的 40 只股票名称统一给它们重新编号命名。

二、数据的预处理

当前去噪的方法有很多，鉴于股票价格长时间序列具有非平稳、非线性和信噪比低的特点，采用传统的去噪方法不能起到很好的去噪效果。小波去噪是根据时—频局部化的要求而发展起来的，特别适合非平稳、非线性时间序列的处理。

小波变换的特点适合于股票价格长时间序列的降噪处理。本专著采用的是非线性小波变换阈值法，其原理可参看第四篇。这种方法相对简单，效果也很好，关键是有几个重要的参数需要确定，即小波函数的选取、阈值和分解层次的确定。在第三章第三节中，对这几个重要参数进行了详细的描述和分析，最终确定选用 sym5 小波，采用 sqtwolog 阈值估计准则，利用 Matlab 工具箱中的 wden 函数将股票价格长时间序列进行多分辨率分解到第 3 层。

图 7 – 1、图 7 – 2、图 7 – 3 给出了其中几只股票数据的原始时间序列曲线和小波去噪后的时间序列曲线图。从这些图中可以看出，经过合适的小波去噪，时间序列中的噪声得到了很大程度的改善，同时，去噪后的时间序列保留了原始时间序列的主要特征。

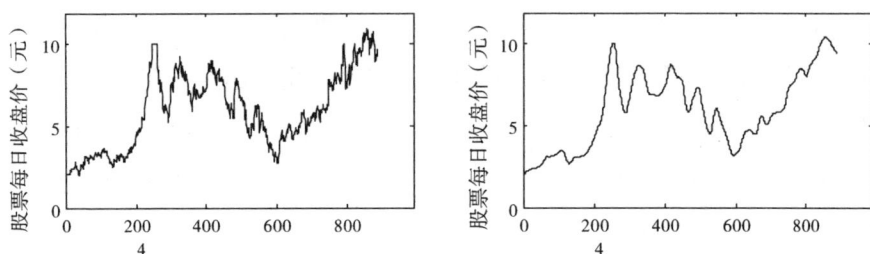

图 7 – 1　电子信息股票日收盘价时间序列去噪前后的曲线图

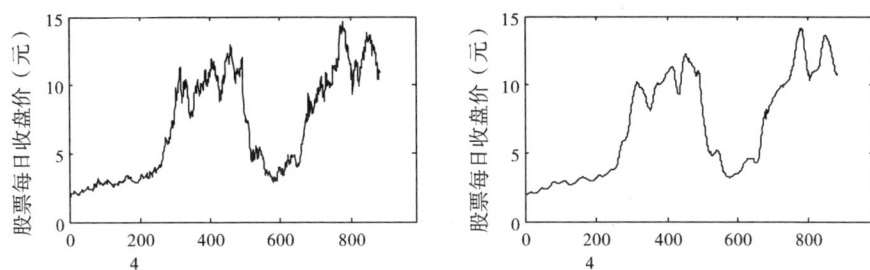

图 7 – 2　房地产股票日收盘价时间序列去噪前后的曲线图

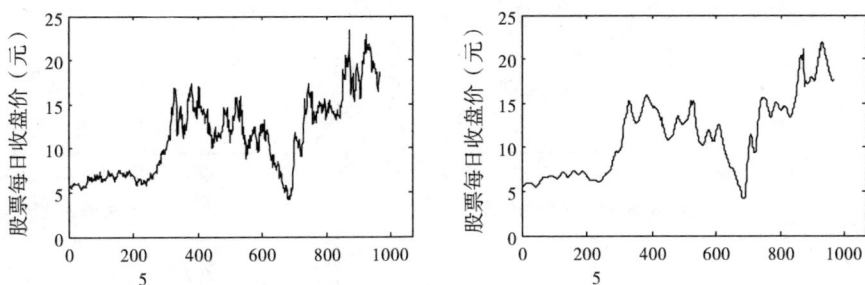

图 7 – 3　交通运输股票日收盘价时间序列去噪前后的曲线图

由多分辨率分析理论可知，高层分解的小波系数对应的是低频部分，而一般认为有效信号是构成低频部分的主要成分。所以，分解层次越高，消除掉的低频成分就会越多，这样，对时间序列去噪的效果就越明显，但同时失真度也会越大。由于本著作进行去噪预处理仅仅为了股票高频噪声的干扰，但同时要尽量降低信号的失真度，因此本书认为，文中对股票时间序列的分解层次最大不超过 5 层。对于波动性较强的时间序列，比如股票价格长时间序列，分解层次一般不超过 3 层。由图 7 – 4 可见，当分解层次很低时（见图中的 1、2 层），去噪效果不明显，从曲线可以看出，信号中还有很多的噪声；当分解层次较高时（见图中的 4、5 层），去噪效果很明显，但是曲线过于平滑，也就是说，去噪的同时也损失掉了一些有用的成分。此时去噪过度了，时间序列中本该有的波动也被平滑掉了。从这里可以看出，本著作的长时间序列选用 3 层分解比较理想。

原始的股票价格长时间序列经过数据预处理后得到了有效的股票数据，在对其进行聚类之前，先对其进行重新描述。

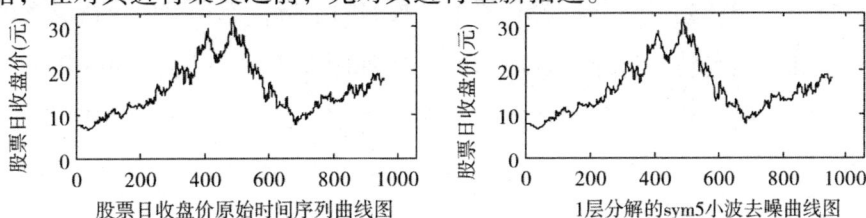

股票日收盘价原始时间序列曲线图　　　　1层分解的sym5小波去噪曲线图

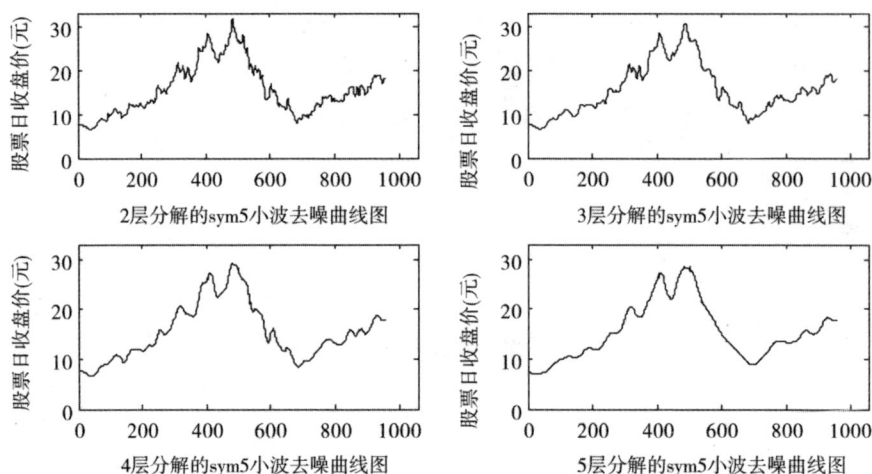

2层分解的sym5小波去噪曲线图

3层分解的sym5小波去噪曲线图

4层分解的sym5小波去噪曲线图

5层分解的sym5小波去噪曲线图

图7-4　股票日收盘价时间序列不同分层的 sym5 小波去噪曲线图

第二节　股票价格长时间序列的重新描述

一、全序列特征抽取

传统的描述时间序列的方法是用时间序列的全部数据来描述的，但对于海量的股票价格时间序列来说这种方法已经不适合了，提取时间序列的关键特征来描述原始时间序列成为一个重要的途径。一方面可以通过用少量特征来描述股票等长时间序列，大大降低时间序列聚类计算过程中的复杂度，节省大量的空间资源和时间资源；另一方面，人们对股票价格时间序列进行分析关心的不是数据的细节，而是股票价格蕴含的规律和变动趋势，这样可以得到更为合理的结果。在目前对时间序列的研究中，时域特征、频域特征、混沌性得到了广泛关注。在第五章中，选择了 12 个能全面表征股票价格长时间序列的全局特征，对它们进行分析研究，并提出了抽取这些特征的方法。本章节中，用这些方法对

40 只经过除权和去噪的股票的长时间序列提取全局特征。

第五章详细介绍了本书提到的长时间序列的 12 个全序列特征，并给出了抽取这些全序列特征的方法。在此不再赘述。

附表 1 列出了 40 只股票的各个全序列特征项的值。其中，自相关系数、偏相关系数中包含多个数据，在附表 1 中不便列出，可参看附表 2。表中的趋势项一列给出了各个股票价格长时间序列的多项式趋势参数。在后续的时间序列聚类过程中，聚类的对象不再是用具体原始数值表征的长时间序列，而是用这些特征项表征的简短的向量。这样，每个长时间序列由原来的上千个数值缩短为几十个数值，成功地实现了对长时间序列的维度简约，不仅大大节省了存储空间，更重要的是极大地缩短了计算机处理的时间，提高了对其进行后续处理的效率。

二、全序列特征归一化

用文中提取的 12 个特征项组成一个较小的数据集，该数据集将定量描述股票价格长时间序列的全局特征，而不必在意时间序列的长度以及是否有信息的丢失。获得的 12 个特征项的度量单位各不相同，而取值范围也相差悬殊，为了有效、快速地进行聚类中的欧式距离计算，而不受任何个别特征项的影响，将这 12 个特征项进行规范化处理。本书采用的是归一化处理。归一化处理就是将所有数值变为绝对值在（0，1）之间的小数，将有量纲的数规范为无量纲的数，从而能更快速地进行处理。进行归一化处理后，如果一个测量值接近 0 表示某个时间序列缺少某个特征；如果一个测量值接近 1 表示某个时间序列强烈地显示某个特征，该测量值越大，则其表征系统某个特征的能力越强。股票日收盘价长时间序列全序列特征归一化结果如表 7 - 1 所示。从表中数据可以看出，对于同一个特征项，不同的股票对应的值是不同的，有的接近于 1，有的则约等于 0，这就表征了每只股票的该项特征的强弱是不同的。

表7-1 股票日收盘价长时间序列的全序列特征归一化值

股票名称	最大LE指数	幅值平方和	峰值	谷值	方差	峰度	偏度	趋势项 β_0	趋势项 β_1	周期	总功率谱和	自相关系数	偏相关系数
电子信息 1	0.0033	0.1320	0.3656	0.3378	0.097	0.5349	0.7667	0.3665	0.0136	0.23177	0.52727	附表 2	附表 2
电子信息 2	0.0972	0.0938	0.3803	0.3106	0.1131	0.4765	0.8201	0.0362	0.2772	0.03922	0.59033	附表 2	附表 2
电子信息 3	-0.0024	0.0869	0.3166	0.1015	0.0882	0.4705	0.7118	0.1811	0.1058	0.27199	0.11421	附表 2	附表 2
电子信息 4	0.0041	0.1339	0.3248	0.3015	0.1031	0.0770	0.5797	-0.0552	0.4044	0.29913	0.26314	附表 2	附表 2
电子信息 5	0.0162	0.0768	0.2784	0.3060	0.0619	0.4032	0.5953	0.0948	0.1886	0.17968	0.19831	附表 2	附表 2
电子信息 6	0.0090	0.0969	0.3156	0.2757	0.0909	0.3686	0.5766	0.2777	0.0501	0.27099	0.16224	附表 2	附表 2
电子信息 7	0.0083	0.1781	0.4150	0.3485	0.1737	0.1629	0.5480	-0.0865	0.4583	0.24735	0.22803	附表 2	附表 2
电子信息 8	0.0007	0.2262	0.4625	0.5758	0.1276	0.7103	0.9009	0.6232	-0.1154	0.26152	0.30813	附表 2	附表 2
电子信息 9	0.0041	0.1042	0.3691	0.4152	0.0944	0.7176	0.8523	0.2040	0.1370	0.23588	0.16693	附表 2	附表 2
电子信息 10	0.0066	0.1878	0.4547	0.3288	0.1482	0.1983	0.6747	0.1159	0.3005	0.23019	0.34857	附表 2	附表 2
房地产 1	0.0065	0.4193	0.07206	0.2515	0.6001	0.4210	0.7628	-0.1786	0.7199	0.25816	0.32174	附表 2	附表 2
房地产 2	0.0214	0.0722	0.2573	0.1560	0.0822	0.2705	0.6086	0.1243	0.1397	0.23984	0.24590	附表 2	附表 2
房地产 3	0.0054	0.1491	0.3659	0.2030	0.1580	0.1177	0.5370	-0.0560	0.3995	0.20791	0.15839	附表 2	附表 2
房地产 4	0.0071	0.2058	0.4409	0.2909	0.2733	0.1551	0.4691	-0.4103	0.7895	0.20085	0.34905	附表 2	附表 2

股票名称	最大LE指数	幅值平方和	峰值	谷值	方差	峰度	偏度	趋势项 β_0	趋势项 β_1	周期	总功率谱和	自相关系数	偏相关系数
房地产5	0.0116	0.1153	0.4021	0.2894	0.1191	0.5548	0.8496	0.1658	0.1862	0.08597	0.39661	附表2	附表2
房地产6	0.0070	0.0921	0.3209	0.2000	0.1096	0.3827	0.6856	-0.1620	0.4194	0.34578	0.21113	附表2	附表2
房地产7	0.0179	0.3052	0.6966	0.2651	0.5747	0.8475	0.9348	0.8053	0.3132	0.18317	0.23975	附表2	附表2
房地产8	0.0353	0.0658	0.3128	0.1455	0.1099	0.3786	0.6407	-0.1185	0.3393	0.05022	0.17066	附表2	附表2
房地产9	0.0092	0.0823	0.2943	0.1137	0.1169	0.0658	0.5580	-0.2970	0.5442	0.17376	0.52199	附表2	附表2
房地产10	0.0050	0.7230	0.9181	0.5500	0.9904	0.5911	0.7603	0.3208	0.4544	0.23602	0.66714	附表2	附表2
交通运输1	0.0007	0.0897	0.2722	0.3015	0.0517	0.2853	0.6731	0.9946	-0.3320	0.23799	0.29306	附表2	附表2
交通运输2	0.0086	0.3219	0.5613	0.2227	0.3907	0.0933	0.5993	0.0628	0.2636	0.32539	0.10390	附表2	附表2
交通运输3	0.0074	0.1149	0.3663	0.2439	0.1269	0.2058	0.6647	-0.1739	0.7062	0.26489	0.69057	附表2	附表2
交通运输4	0.0023	0.3833	0.5966	0.6015	0.3681	0.6293	0.6550	0.2140	0.0932	0.24396	0.19039	附表2	附表2
交通运输5	0.0039	0.5278	0.6866	0.6257	0.3681	0.2644	0.6790	0.5162	0.0247	0.31827	0.22680	附表2	附表2
交通运输6	0.0019	0.5726	0.7275	0.4591	0.4623	0.0668	0.7651	0.4394	-0.0624	1	0.12265	附表2	附表2
交通运输7	0.0074	0.0947	0.2781	0.3939	0.0437	0.0823	0.5950	0.0107	0.4047	0.27515	0.24839	附表2	附表2
交通运输8	0.0219	0.2143	0.4678	0.3409	0.2437	0.4006	0.7439	0.1469	0.1691	0.22110	0.12810	附表2	附表2
交通运输9	0.0041	0.1203	0.2963	0.5106	0.0556	0.5813	0.7071	0.1138	0.6416	0.16781	0.56879	附表2	附表2

续表

股票名称	最大LE指数	幅值平方和	峰值	谷值	方差	峰度	偏度	趋势项		周期	总功率谱和	自相关系数	偏相关系数
								β_0	β_1				
交通运输10	0.0135	0.3098	0.6813	0.5394	0.4240	0.9783	0.9801	-0.3541	0.9972	0.23474	0.92194	附表2	附表2
酒店旅游1	0.0288	0.0991	0.4131	0.5394	0.0801	0.5224	0.8929	0.2321	0.0902	0.21324	0.17138	附表2	附表2
酒店旅游2	0.0117	0.2151	0.4534	0.1348	0.2731	0.1007	0.5863	0.0804	0.3483	0.31625	0.22395	附表2	附表2
酒店旅游3	0.0096	0.1424	0.3381	0.3218	0.1141	0.0168	0.4746	0.0784	0.2818	0.21948	0.19933	附表2	附表2
酒店旅游4	0.0044	0.1270	0.2994	0.3940	0.0752	0.0363	0.5192	0.1073	0.2452	0.28588	0.17271	附表2	附表2
酒店旅游5	0.0134	0.1427	0.3656	0.3318	0.1217	0.2691	0.6172	0.3157	0.0777	0.21435	0.19520	附表2	附表2
酒店旅游6	0.0048	0.7052	08031	0.3939	0.8037	0.1134	0.5384	0.1559	0.6326	0.24683	0.71688	附表2	附表2
酒店旅游7	0.0019	0.3744	0.5550	0.5985	0.2397	0.2108	0.6277	0.5974	0.0468	0.22394	0.47118	附表2	附表2
酒店旅游8	0.0022	0.3651	0.5900	0.4424	0.3454	0.5263	0.7128	0.5963	0.0151	0.25631	0.25502	附表2	附表2
酒店旅游9	0.0047	0.9948	0.9803	0.6196	0.9006	0.3138	0.8003	0.2847	0.6860	0.23917	0.98887	附表2	附表2
酒店旅游10	0.0040	0.9667	0.9153	0.9985	0.6538	0.5263	0.7659	0.6173	0.3604	0.23363	0.97651	附表2	附表2

第三节　股票价格长时间序列的聚类实验及结果分析

一、聚类过程

（一）重构数据

将上节得到的归一化后的股票价格长时间序列的全序列特征构成一个含有 12 个属性的数据 Z，此时 Z 的各个属性及其意义如表 7-2 所示。

表 7-2　Z 的属性和意义

Z_1	最大 LE 指数	Z_4	方差	Z_7	峰度	Z_{10}	周期
Z_2	总功率谱和	Z_5	峰值	Z_8	偏度	Z_{11}	21 个自相关系数
Z_3	幅值平方和	Z_6	谷值	Z_9	趋势项系数	Z_{12}	21 个偏相关系数

各数据 Z 中的这些属性是数值型，其中 Z_9、Z_{11} 和 Z_{12} 是矩阵，其余的属性都是单变量。按照表 7-2 提供的属性的数据结构构造本书下载的 40 只股票的日收盘价长时间序列的特征项数据，得到一个数据集 $\{y_i\}$，$i=1,2,\cdots,40$。

（二）确定初始聚类中心

采用 CURBSC 算法中的减聚类模块（参见图 6-3）对数据集 $\{y_i\}$，$i=1,2,\cdots,40$ 进行处理，此处参数分别设定为 $\eta=1.5,\varepsilon=0.275$，经过多次减聚类计算后，最终得到了 16 个聚类中心，分别为酒店旅游 2、酒店旅游 5、酒店旅游 7、酒店旅游 10、交通运输 3、交通运输 6、交通运输 9、电子信息 1、电子信息 3、电子信息 4、电子信息 8、电子信息 9、房地产 3、房地产 6、房地产 7、房地产 8。它们的原始时间序列波形图参见附图 1。

经过多次减聚类计算，聚类半径 γ_a 演化过程为：0.3、0.2、0.2、0.2、0.2、0.3、0.3、0.6、0.6、0.6、0.6、0.6。$\gamma_a = 0.6$ 为最终确定的值。

（三）分区和基本聚类

以初始聚类中心为依据，将数据集 $\{y_i\}$ 划分为 16 个区，得到 16 个初始类。以 16 个初始类为基本对象进行 CURE 聚类。先设定参数收缩因子 $\alpha = 0.3$、期望最终分类数目 $k = 4$、代表点数 $m = 4$。按图 6－3 的流程图进行聚类，得到聚类结果树形图，如图 7－4 所示。

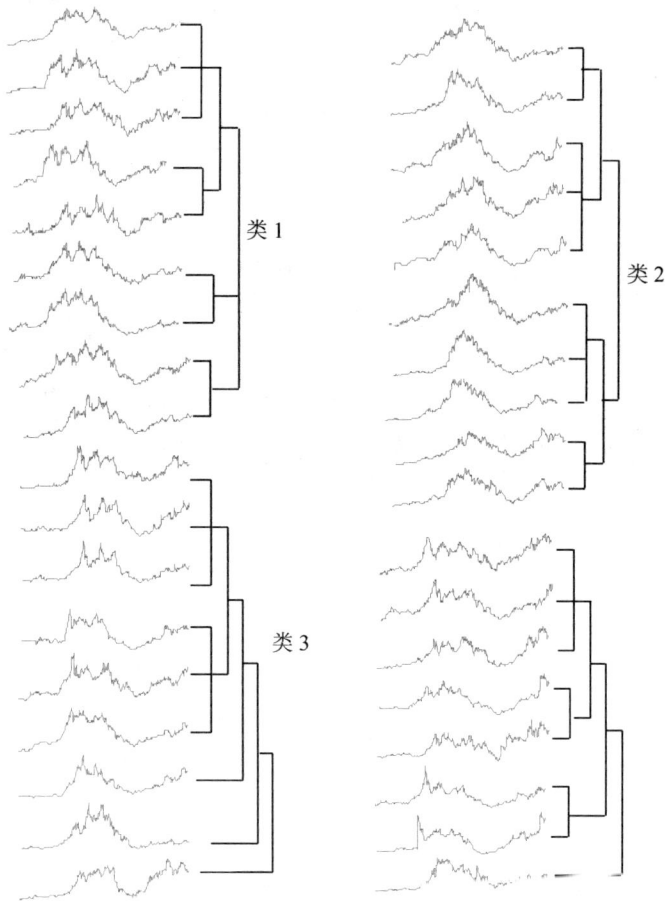

图 7－4　聚类结果树形图

二、实验结果分析与结论

(一) 结果分析与结论

实验结果显示各类内部具有几个明显的特点。第一，从时间序列中高价格的数据点持续时间来看，类 2 的最短，类 3 次之，再次是类 1，类 4 的最长；第二，从时间序列中高价格的数据点具有的明显波峰来看，类 2 主要是单峰或双峰，也有三峰的情况，但此时第三峰较另外的峰非常不明显，类 1 和类 3 主要含三峰，类 3 的三峰尤其明显；第三，从数据值从低值段向高值段过渡来看，类 3 无论是上涨还是下跌，数据值变化都最为陡峭，从而使中间的高价格段形成了近似方波的现象。由此可见，CURBSC 法用于股票日收盘价构成的长时间序列的聚类效果较好。虽然没有合适的标准股票日收盘价时间序列分类数据库对 CURBSC 做进一步的评价，但由聚类结果树形图可以看出聚类结果令人满意。

参与聚类的 40 只股票只有 37 只在聚类结果树形图中出现，另外的 3 只股票因为在聚类过程中生长太慢而作为孤立点输出，这三只股票的日收盘价长时间序列波形图如图 7 - 5 所示，从图中可以看成，它们波形差异较大。

图 7 - 5 聚类得到的孤立点的波形

(二) CURBSC 算法存在的不足

第一，由于时间的仓促，以及条件所限，下载的股票价格时间序列只有 40 个，并且每个时间序列中的数据点也仅有 1000 个左右，没有对海量的股票价格时间序列进行实验。因而，不知道对于海量的股票价格长时间序列，该算法是否仍然能得到令人满意的聚类结果。

第二，对于算法中的各个参数，需要对不同的数据集进行反复实验才能找到合适的值，并且参数较多，操作起来不是很方便。

第三，整个实验过程都是用 Matlab 完成的，这存在着几个不完善的地方。首先，输出聚类的波形图时，由于每个波形都有自己的坐标，因此将一个类中的多个波形放在一起观察很不方便；其次，Matlab 工具箱中有一些可以直接调用的函数，如计算自相关函数、偏自相关函数、功率谱密度，但在实验中发现这些函数并不是对所有的情况都适用。

（三）未来的研究方向

第一，目前的这种混合聚类算法虽然基本上实现了股票价格长时间序列的聚类功能，但尚未实现海量的长时间序列的聚类，并且该算法中还存在上述的不足。下一步要针对上述的不足继续完善该算法。另外，研究用已有的聚类算法聚类股票价格长时间序列，以此与本书中的混合算法进行比较，从而确定该混合算法的性能好坏。

第二，进一步研究股票价格时间序列的各种特性，抽取最能反映股票价格时间序列内部各种信息的特性，从而对全序列特征实现优化。能在输出聚类结果的同时输出每个类的特有的信息，如有无双肩及该双肩出现在什么时间点、发展趋势怎样及趋势的幅度、有无明显的周期及周期怎样变化等。

第三，投资者追求投资收益的最大化和投资风险的最小化。因此，对聚类得到的类进行分析，根据从中获得的信息和市场经济中或国家颁布的文件中的一些信息，对股票价格进行短期预测和长期趋势判断，是下一步要做的工作。

第四节 本章小结

证券市场作为最为活跃的金融市场之一，一直为人们所关注。近几年，越来越多的投资者把眼光投向了股票。股票数据的海量和高维度使人们不可能逐一分析股票从而快速获取需要的信息。因此将股票进行分类研究分析，代替了以往对单只股票的分析，成为人们分析股票、把握股票的总体特征从而预测股票价格变动趋势的重要方法。

本篇从齐鲁证券上下载了 4 个板块 40 只股票的日收盘价构成长时间序列数据，并对其进行预处理、抽取全序列特征、全序列特征归一化、重新描述数据，最终用本书提出的 CURBSC 算法进行聚类。对聚类结果进行了分析并得出结论，聚类结果令人比较满意。最后，指出了该算法和实验过程中存在的不足，并对未来的研究方法进行了展望。

第八章

结论

本著作首先基于股票价格时间序列的特点抽取出最大 Lyapunov 指数、总功率谱、几个时域特征（幅值平方和、峰值、谷值、方差、峰度、偏度）、趋势项系数、周期、自相关系数、偏相关函数等 12 个全序列特征，旨在用这些全序列特征对股票日收盘价构成的长时间序列进行重新描述，然后在对主要时间序列聚类方法进行分析比较的基础上，提出一种改进的聚类算法——CURBSC，并用该算法对重新描述后的股票日收盘价时间序列进行聚类。

本著作的创新之处在于：①全面深入地探讨了时间序列数据挖掘的聚类算法，并对已有的主要聚类算法进行了比较研究，提出了针对长时间序列的更有效的数据挖掘聚类策略。基于 CURE 算法不能正确分区和减聚类算法能够自适应确定聚类个数及类中心的特点，本书提出了采用 CURE 和减聚类相结合的算法对全序列特征表征的时间序列进行聚类；②将所采用的聚类算法应用于中国股票市场，对股票价格长时间序列进行聚类分析，通过实证研究验证了 CURE 和减聚类相结合的算法的有效性。本著作的研究将填补国内在时间序列数据挖掘领域中对长时间序列进行研究方面的不足，为深化研究金融时间序列数据挖掘及其实际应用提供理论依据与方法。

附 录

附表 1　股票日收盘价长时间序列的全序列特征

股票名称	最大 LE 指数	幅值平方和	峰值	谷值	方差	峰度	偏度	趋势项		周期	总功率谱和	自相关系数	偏相关系数
								β_0	β_1				
电子信息 1	0.0033	3.564 E4	11.71	2.23	4.9470	0.5884	2.5302	5.6074	0.1522	0.23177	13.18175	附表 2	附表 2
电子信息 2	0.0972	2.533 E4	12.17	2.05	5.7659	0.5718	2.7064	0.5539	3.1051	0.03922	14.75831	附表 2	附表 2
电子信息 3	-0.0024	2.345 E4	10.13	0.67	4.4974	0.5646	2.3488	2.7710	1.1855	0.27199	2.85524	附表 2	附表 2
电子信息 4	0.0041	3.614 E4	10.39	1.99	5.2556	0.0924	1.9129	-0.8452	4.5288	0.29913	6.57856	附表 2	附表 2
电子信息 5	0.0162	2.073 E4	8.91	2.02	3.1550	0.4838	1.9645	1.4701	2.1122	0.17968	4.95787	附表 2	附表 2
电子信息 6	0.0090	2.615 E4	10.10	1.82	4.6369	0.4423	1.9029	4.2493	0.5606	0.27099	4.05610	附表 2	附表 2
电子信息 7	0.0083	4.809 E4	13.28	2.31	8.8596	0.1955	1.8083	-1.3230	5.2445	0.24735	5.70079	附表 2	附表 2
电子信息 8	0.0007	6.107 E4	14.80	3.80	6.5097	0.8523	2.9731	9.5357	-1.2921	0.26152	7.70338	附表 2	附表 2
电子信息 9	0.0041	2.814 E4	11.81	2.74	4.8161	0.8611	2.7435	3.1212	1.5348	0.23588	4.17313	附表 2	附表 2

续表

股票名称	最大LE指数	幅值平方和	峰值	谷值	方差	峰度	偏度	趋势项 β_0	趋势项 β_1	周期	总功率谱和	自相关系数	偏相关系数
电子信息10	0.0066	5.070 E4	14.55	2.17	7.5589	0.2379	2.1589	1.7735	3.3652	0.23019	8.71427	附表2	附表2
房地产1	0.0065	1.132 E5	23.06	1.66	30.6031	0.5052	2.4411	-2.7322	8.0627	0.25816	8.04349	附表2	附表2
房地产2	0.0214	1.950 E4	8.23	1.03	4.1931	0.3246	1.9474	1.9011	1.5645	0.23984	6.14738	附表2	附表2
房地产3	0.0054	4.026 E4	11.71	1.34	8.0581	0.1412	1.7184	-0.8568	4.5145	0.20791	3.95964	附表2	附表2
房地产4	0.0071	5.557 E4	14.11	1.92	13.9367	0.1861	1.5011	-6.2773	8.8419	0.20085	8.72633	附表2	附表2
房地产5	0.0116	3.112 E4	12.83	1.91	6.0716	0.6658	2.7187	2.5369	2.0856	0.08597	9.91513	附表2	附表2
房地产6	0.0070	2.487 E4	10.27	1.32	5.5890	0.4592	2.1938	-2.4783	4.6968	0.34578	5.27812	附表2	附表2
房地产7	0.0179	8.240 E4	22.29	1.75	29.3083	1.0171	2.9914	2.5769	3.5078	0.18317	5.99365	附表2	附表2
房地产8	0.0353	1.776 E4	10.01	0.96	5.6070	0.4543	2.0501	-1.8128	3.8001	0.05022	4.26653	附表2	附表2
房地产9	0.0092	2.223 E4	9.417	0.75	5.9629	0.0790	1.7857	-4.5441	6.0951	0.17376	13.04982	附表2	附表2
房地产10	0.0050	1.952 E5	29.38	3.63	50.5081	0.7093	2.4329	4.9087	5.0897	0.23602	16.67859	附表2	附表2
交通运输1	0.0007	2.422 E4	8.71	1.99	2.6368	0.3424	2.1539	15.2167	-3.7179	0.23799	7.32648	附表2	附表2
交通运输2	0.0086	8.690 E4	17.96	1.47	19.9253	0.1119	1.9179	0.9612	2.9528	0.32539	3.84758	附表2	附表2
交通运输3	0.0074	3.103 E4	11.72	1.61	6.4737	0.2469	2.1271	-2.6614	7.8693	0.26489	17.26414	附表2	附表2
交通运输4	0.0023	1.035 E5	19.09	3.97	18.7756	0.7552	2.0961	3.2744	1.0443	0.24396	4.75965	附表2	附表2

续表

股票名称	最大LE指数	幅值平方和	峰值	谷值	方差	峰度	偏度	趋势项		周期	总功率谱和	自相关系数	偏相关系数
								β_0	β_1				
交通运输 5	0.0039	1.425 E5	21.97	4.13	18.7734	0.3173	2.1729	7.8985	0.2769	0.31827	5.66994	附表 2	附表 2
交通运输 6	0.0019	1.546 E5	23.28	3.03	23.5773	0.0801	2.4482	6.7233	-0.6981	1	3.06625	附表 2	附表 2
交通运输 7	0.0074	2.557 E4	8.90	2.60	2.2274	0.0987	1.9041	0.1633	4.5324	0.27515	6.20971	附表 2	附表 2
交通运输 8	0.0219	5.787 E4	14.97	2.25	12.4281	0.4807	2.3804	2.2472	1.8942	0.22110	3.20242	附表 2	附表 2
交通运输 9	0.0041	3.249 E4	9.48	3.37	2.8347	0.6975	2.2628	1.7405	7.1862	0.16781	14.21980	附表 2	附表 2
交通运输 10	0.0135	8.365 E4	21.80	3.56	21.6234	1.1740	3.2342	-5.4177	11.169	0.23474	23.04841	附表 2	附表 2
酒店旅游 1	0.0288	2.675 E4	13.22	2.15	4.0815	0.6269	2.9466	3.5513	1.0106	0.21324	4.28457	附表 2	附表 2
酒店旅游 2	0.0117	5.807 E4	14.51	0.89	13.9292	0.1208	1.9348	1.2303	3.9009	0.31625	5.59873	附表 2	附表 2
酒店旅游 3	0.0096	3.844 E4	10.82	2.124	5.8208	0.0201	1.5661	1.1988	3.1557	0.21948	4.98329	附表 2	附表 2
酒店旅游 4	0.0044	3.430 E4	9.58	2.60	3.8330	0.0436	1.7132	1.6416	2.7466	0.28588	4.31785	附表 2	附表 2
酒店旅游 5	0.0134	3.853 E4	11.70	2.19	6.2049	0.3229	2.0367	4.8300	0.8697	0.21435	4.87989	附表 2	附表 2
酒店旅游 6	0.0048	1.904 E5	25.70	2.60	40.9889	0.1361	1.7766	2.3847	7.0851	0.24683	17.92202	附表 2	附表 2
酒店旅游 7	0.0019	1.011 E5	17.76	3.95	12.2224	0.2529	2.0086	9.1403	0.5242	0.22394	11.77957	附表 2	附表 2
酒店旅游 8	0.0022	9.857 E4	18.88	2.92	17.6164	0.6316	2.2809	9.1237	0.1692	0.25631	6.37547	附表 2	附表 2
酒店旅游 9	0.0047	2.686 E5	31.37	4.09	45.9294	0.3765	2.5609	4.3552	7.6835	0.23917	24.72170	附表 2	附表 2
酒店旅游 10	0.0040	2.610 E5	29.29	6.59	33.3441	0.6316	2.5276	9.4446	4.0360	0.23363	24.41270	附表 2	附表 2

附表 2　股票日收盘价长时间序列的自、偏相关系数

股票名称	21 个自相关系数值	21 个偏相关系数值
电子信息 1	1.00000, -0.45833, -0.28177, 0.23177, 0.10873, -0.06080, -0.10766, 0.03240, 0.10136, -0.07307, -0.01623, 0.03390, -0.00102, -0.02730, 0.00380, 0.08386, -0.12922, 0.04805, 0.05241, -0.05468, 0.01261	1.00000, -0.61410, -0.59499, -0.48822, -0.45813, -0.41000, -0.37937, -0.34155, -0.37608, -0.33980, -0.25668, -0.22235, -0.30509, -0.26901, -0.24652, -0.23812, -0.21295, -0.15681, -0.21838, -0.24724, -0.17212
电子信息 2	1.00000, 0.61378, 0.00624, 0.16226, -0.05375, 0.00141, -0.00395, 0.00087, -0.01041, 0.03627, -0.03471, -0.01472, 0.03579, 0.02778, -0.08180, 0.03922, 0.02709, -0.03119, -0.00804, 0.04459, -0.03994	1.00000, 0.45849, -0.62288, -0.54461, -0.52777, -0.42392, -0.37856, -0.38220, -0.30619, -0.32060, -0.32468, -0.31889, -0.24670, -0.18206, -0.29933, -0.20385, -0.26970, -0.26363, -0.22015, -0.22882, -0.19968
电子信息 3	1.00000, -0.43873, -0.30673, 0.27191, 0.07271, -0.10540, -0.01250, 0.01848, 0.03629, -0.06213, 0.04998, -0.00919, -0.02916, 0.03335, -0.00296, -0.04283, 0.05714, -0.00821, -0.04796, 0.04528, -0.00128	1.00000, -0.43893, -0.62159, -0.47860, -0.46212, -0.42609, -0.38105, -0.38496, -0.28248, -0.32866, -0.26668, -0.26530, -0.28690, -0.28726, -0.23205, -0.23895, -0.21281, -0.16720, -0.21001, -0.21296, -0.17800

续表

股票名称	21个自相关系数值	21个偏相关系数值
电子信息4	1.00000、 -0.45682、 -0.30424、 0.29913、 0.04117、 -0.07922、 -0.03851、 0.04694、 0.00510、 -0.03026、 0.03262、 -0.02426、 -0.01753、 0.09297、 -0.11016、 0.01109、 0.09273、 -0.08979、 0.01854、 0.04621、 -0.06048	1.00000、 -0.45684、 -0.64839、 -0.49484、 -0.50203、 -0.41999、 -0.42489、 -0.37597、 -0.33607、 -0.34154、 -0.26381、 -0.22092、 -0.35001、 -0.26920、 -0.29034、 -0.31415、 -0.21669、 -0.19571、 -0.22028、 -0.19875、 -0.19829
电子信息5	1.00000、 -0.53812、 -0.12721、 0.17968、 0.05901、 -0.08770、 -0.00345、 0.02688、 -0.00468、 -0.01651、 0.03035、 -0.03294、 0.03574、 -0.04584、 0.03133、 0.02109、 -0.04295、 -0.00961、 0.04589、 0.00753、 -0.05617	1.00000、 -0.54110、 -0.59089、 -0.53814、 -0.46276、 -0.43895、 -0.40801、 -0.37451、 -0.33073、 -0.33581、 -0.28619、 -0.31553、 -0.22557、 -0.21558、 -0.25977、 -0.26394、 -0.21041、 -0.17788、 -0.20651、 -0.19663、 -0.17619
电子信息6	1.00000、 -0.44028、 -0.32504、 0.27099、 0.10862、 -0.11706、 -0.04141、 0.03799、 0.03641、 -0.04509、 0.01574、 0.00433、 -0.01526、 0.02017、 -0.00378、 -0.03825、 0.07193、 -0.06765、 0.04420、 -0.02900、 0.02182	1.00000、 -0.44037、 -0.64382、 -0.52467、 -0.48954、 -0.44537、 -0.40247、 -0.39021、 -0.32490、 -0.33339、 -0.29811、 -0.27751、 -0.29498、 -0.29413、 -0.23695、 -0.30337、 -0.18907、 -0.26529、 -0.17256、 -0.22122、 -0.15943

续表

股票名称	21 个自相关系数值	21 个偏相关系数值
电子信息 7	1.00000、 -0.43818、 -0.32304、 0.24735、 0.17821、 -0.24506、 0.07688、 0.03968、 -0.05545、 -0.01467、 0.08335、 -0.06087、 -0.00232、 0.02789、 -0.02870、 0.03344、 -0.02008、 -0.02319、 0.03584、 0.02284、 -0.07200	1.00000、 -0.43821、 -0.63751、 -0.54989、 -0.39446、 -0.51917、 -0.42239、 -0.41231、 -0.36438、 -0.36215、 -0.30050、 -0.29409、 -0.27276、 -0.20949、 -0.29014、 -0.26288、 -0.23568、 -0.21218、 -0.22226、 -0.17884、 -0.20432
电子信息 8	1.00000、 -0.45122、 -0.30266、 0.26152、 0.08511、 -0.05882、 -0.10991、 0.07921、 0.03989、 -0.08135、 0.04138、 0.03870、 -0.08027、 0.02820、 0.02876、 -0.00075、 -0.03359、 -0.00819、 0.04774、 -0.00664、 -0.05841	1.00000、 -0.45127、 -0.63586、 -0.52408、 -0.52492、 -0.40914、 -0.43556、 -0.37628、 -0.28600、 -0.29543、 -0.32793、 -0.27730、 -0.28578、 -0.24818、 -0.27122、 -0.26416、 -0.23374、 -0.21422、 -0.19870、 -0.10824、 -0.20282
电子信息 9	1.00000、 -0.44361、 -0.30898、 0.23588、 0.16115、 -0.17590、 -0.01875、 0.09919、 -0.05684、 -0.04263、 0.11023、 -0.07281、 0.00404、 0.00446、 0.00378、 0.02703、 -0.04604、 0.00636、 0.03063、 -0.00859、 -0.00796	1.00000、 -0.44406、 -0.63039、 -0.55235、 -0.44304、 -0.46950、 -0.46860、 -0.39367、 -0.33346、 -0.36605、 -0.25538、 -0.29973、 -0.23298、 -0.20275、 -0.27073、 -0.23549、 -0.22903、 -0.21894、 -0.21665、 -0.26166、 -0.17909

续表

股票名称	21 个自相关系数值	21 个偏相关系数值
电子信息 10	1.00000, -0.45868, -0.28092, 0.23019, 0.12000, -0.09172, -0.08916, 0.08087, 0.01037, -0.03023, 0.01300, -0.01275, 0.02919, -0.04775, 0.01955, 0.07765, -0.13120, 0.05284, 0.02526, 0.02329, -0.07494	1.00000, -0.45868, -0.62221, -0.54722, -0.50132, -0.42839, -0.43170, -0.36776, -0.34078, -0.33348, -0.29609, -0.32415, -0.22185, -0.17957, -0.29043, -0.20857, -0.25202, -0.17102, -0.24135, -0.21972, -0.21838
房地产 1	1.00000, -0.46648, -0.27681, 0.25816, 0.09451, -0.14439, 0.02831, -0.00427, 0.01512, 0.01741, -0.03692, -0.00295, 0.05251, -0.05740, 0.02793, 0.00689, -0.03300, 0.04313, -0.03274, 0.00910, -0.00862	1.00000, -0.46649, -0.63195, -0.52636, -0.45459, -0.46756, -0.37284, -0.38380, -0.37933, -0.34208, -0.31930, -0.33180, -0.25012, -0.26709, -0.23345, -0.19310, -0.24701, -0.20276, -0.22630, -0.14562, -0.22599
房地产 2	1.00000, -0.49439, -0.22283, 0.23984, 0.05827, -0.09066, -0.00690, -0.00182, 0.03232, 0.01223, -0.05297, 0.01905, 0.01550, 0.01992, -0.06539, 0.05427, -0.00758, -0.02998, 0.01345, 0.06651, -0.11093	1.00000, -0.49444, -0.61850, -0.52374, -0.47899, -0.44310, -0.37004, -0.36953, -0.37931, -0.33292, -0.30966, -0.26371, -0.29710, -0.23090, -0.29615, -0.28342, -0.22672, -0.13924, -0.22704, -0.16163, -0.19628

股票名称	21个自相关系数值	21个偏相关系数值
房地产3	1.00000, -0.42620, -0.33053, 0.20791, 0.20501, -0.13611, -0.10558, 0.08672, 0.01690, 0.01947, -0.06676, -0.00979, 0.08489, -0.03453, -0.05406, 0.06846, 0.00082, -0.10902, 0.14190, -0.02972, -0.09661	1.00000, -0.42628, -0.62617, -0.57892, -0.48849, -0.45011, -0.42253, -0.35351, -0.41310, -0.35029, -0.29251, -0.29994, -0.22524, -0.17747, -0.27744, -0.33299, -0.19290, -0.27061, -0.17363, -0.07191, -0.19122
房地产4	1.00000, -0.48561, -0.22608, 0.20085, 0.11932, -0.10632, -0.06351, 0.09597, -0.05422, 0.04174, -0.02002, -0.04243, 0.06812, -0.00192, -0.05565, 0.01392, 0.02988, 0.02430, -0.09517, 0.08633, -0.03526	1.00000, -0.48568, -0.60457, -0.55510, -0.47803, -0.43117, -0.44624, -0.34399, -0.40357, -0.35211, -0.25804, -0.26497, -0.26594, -0.24981, -0.23702, -0.18488, -0.23951, -0.14539, -0.23526, -0.18498, -0.20185
房地产5	1.00000, -0.42919, -0.30934, 0.15737, 0.25159, -0.12922, -0.12886, 0.02993, 0.15642, -0.10890, -0.02145, 0.03841, -0.00014, -0.00514, -0.00327, -0.00481, 0.03468, -0.07960, 0.08597, -0.02095, -0.01615	1.00000, -0.42957, -0.60526, -0.61716, -0.50698, -0.46575, -0.37618, -0.41204, -0.28975, -0.32309, -0.31980, -0.28097, -0.29024, -0.26868, -0.26570, -0.32720, -0.18231, -0.22540, -0.19641, -0.27547, -0.15764

股票名称	21个自相关系数值	21个偏相关系数值
房地产6	1.00000, -0.43121, -0.36232, 0.34578, 0.02916, -0.08976, -0.02418, 0.04127, 0.01667, -0.07761, 0.08122, 0.00409, -0.08303, 0.06546, -0.00504, -0.02255, 0.00175, 0.05017, -0.04779, -0.05876, 0.12103	1.00000, -0.43130, -0.67375, -0.46388, -0.51275, -0.41295, -0.43778, -0.38910, -0.28271, -0.33408, -0.30371, -0.28539, -0.32298, -0.27985, -0.26192, -0.18505, -0.29461, -0.29790, -0.21651, -0.23028, -0.20908
房地产7	1.00000, -0.51133, -0.17647, 0.18317, 0.09109, -0.07116, -0.06831, 0.05611, 0.02215, -0.04336, 0.02298, 0.00171, -0.00872, -0.01223, 0.01568, 0.03169, -0.04672, -0.03534, 0.09596, -0.02890, -0.03931	1.00000, -0.51133, -0.59309, -0.55092, -0.49579, -0.42718, -0.41184, -0.37466, -0.31447, -0.31615, -0.30270, -0.29444, -0.24427, -0.21127, -0.27175, -0.28812, -0.19659, -0.20918, -0.21100, -0.25308, -0.17543
房地产8	1.00000, -0.42414, -0.33108, 0.19700, 0.22456, -0.15170, -0.09350, 0.06285, 0.07739, -0.09392, 0.05022, -0.04265, 0.04727, -0.02966, -0.00862, 0.05326, -0.06068, 0.00727, 0.03533, -0.00447, -0.03749	1.00000, -0.42418, -0.62313, -0.58854, -0.48048, -0.46724, -0.41557, -0.40997, -0.30767, -0.37566, -0.25574, -0.31205, -0.23978, -0.20229, -0.29083, -0.23371, -0.26024, -0.23484, -0.22785, -0.19415, -0.22429

续表

股票名称	21个自相关系数值	21个偏相关系数值
房地产9	1.00000, -0.47987, -0.22781, 0.17376, 0.16541, -0.13516, -0.06164, 0.09869, -0.02574, -0.04297, 0.07852, -0.06889, 0.01798, 0.04698, -0.07941, 0.05582, -0.01651, 0.00599, -0.03430, 0.08682, -0.09199	1.00000, -0.48023, -0.59630, -0.57806, -0.46800, -0.44717, -0.46311, -0.38806, -0.33138, -0.36667, -0.23017, -0.23035, -0.20442, -0.29970, -0.26306, -0.23890, -0.14084, -0.24842, -0.19601, -0.20520
房地产10	1.00000, -0.49201, -0.22526, 0.23602, 0.05792, -0.06482, -0.05719, 0.04815, 0.00341, 0.01203, -0.02812, 0.01932, 0.08379, -0.10467, 0.05255, 0.05989, -0.11614, 0.03372, 0.05607, -0.02161, -0.03740	1.00000, -0.49203, -0.61673, -0.52514, -0.49763, 0.42078, -0.40309, -0.35121, -0.37342, -0.34025, -0.29813, -0.35372, -0.18471, -0.26141, -0.22423, -0.22457, -0.20786, -0.21727, -0.22638, -0.19278
交通运输1	1.00000, -0.45158, -0.29346, 0.23779, 0.10452, -0.04543, -0.14657, 0.09711, 0.05430, -0.10537, 0.07458, -0.02454, -0.02999, 0.07475, -0.07949, 0.03405, 0.02163, -0.04565, 0.04134, -0.02833, 0.02016	1.00000, -0.45158, -0.62521, -0.53925, -0.53533, -0.40112, -0.44337, -0.38235, -0.27575, -0.32841, -0.24986, -0.22701, -0.31556, -0.28423, -0.28563, -0.22186, -0.22967, -0.19341, -0.20874, -0.16670

续表

股票名称	21 个自相关系数值	21 个偏相关系数值
交通运输 2	1.00000, -0.43823, -0.34453, 0.32539, 0.05437, -0.12664, -0.01372, 0.11685, -0.11899, 0.01626, 0.08604, -0.07765, 0.01684, 0.00750, -0.02840, 0.08248, -0.08414, -0.02193, 0.09260, -0.00946, -0.09076	1.00000, -0.43824, 0.66416, 0.48039, -0.47370, -0.42695, -0.49568, -0.34830, -0.37793, -0.33972, -0.28047, -0.29527, -0.22315, -0.15996, -0.31177, -0.26421, -0.23860, -0.21724, -0.22037, -0.15637, -0.22675
交通运输 3	1.00000, -0.41685, -0.36301, 0.26489, 0.14992, -0.12452, -0.08487, 0.08890, 0.01993, -0.07925, 0.06611, 0.00484, -0.07182, 0.07267, -0.03406, 0.00667, 0.00661, -0.01305, -0.00921, 0.06459, -0.08186	1.00000, -0.41701, 0.65004, 0.53934, -0.49735, -0.44329, -0.44842, -0.39691, -0.30257, -0.33168, -0.28965, -0.24546, -0.32323, -0.25112, -0.29810, -0.27604, -0.23982, -0.14408, -0.24114, -0.16807, -0.19989
交通运输 4	1.00000, -0.41756, -0.35546, 0.24396, 0.17536, -0.13400, -0.08791, 0.07784, 0.03479, -0.05385, -0.00066, 0.06173, -0.05511, -0.05036, 0.11888, -0.04268, -0.04770, 0.02052, 0.05767, -0.09272, 0.06721	1.00000, -0.41792, 0.64558, 0.55375, -0.49111, -0.45547, -0.43136, -0.38776, -0.32159, -0.29857, -0.36578, -0.34358, -0.25036, -0.28624, -0.20961, -0.21664, -0.21699, -0.29863, -0.16569, -0.22261, -0.18511

续表

股票名称	21 个自相关系数值	21 个偏相关系数值
交通运输 5	1.00000,　-0.44719,　-0.32759,　0.31827,　0.05697,　-0.15166,　0.04664,　0.03251,　-0.04133,　-0.01920,　0.07036,　-0.03447,　-0.02385,　0.02343,　0.00567,　-0.01596,　0.02321,　-0.04535,　0.04744,　-0.00567,　-0.02253	1.00000,　-0.44719,　-0.65945,　-0.48611,　-0.45297,　-0.46016,　-0.39875,　-0.32487,　-0.34499,　-0.29555,　-0.27216,　-0.26451,　-0.25747,　-0.29079,　-0.22684,　-0.20307,　-0.23449,　-0.18237
交通运输 6	1.00000,　-0.50714,　-0.20787,　0.26672,　0.01935,　0.00307,　-0.07191,　0.00265,　0.07936,　-0.04219,　-0.03106,　0.04193,　-0.01062,　-0.01633,　0.00902,　0.03854,　-0.05431,　-0.01449,　0.06772,　-0.01420,　-0.04575	1.00000,　-0.50715,　-0.62609,　-0.49205,　-0.52948,　-0.39962,　-0.35880,　-0.33180,　-0.31010,　-0.32720,　-0.25377,　-0.21376,　-0.28540,　-0.27089,　-0.20424,　-0.21899,　-0.21920,　-0.18787
交通运输 7	1.00000,　-0.51370,　-0.19998,　0.27515,　-0.01047,　-0.08494,　0.03835,　0.01052,　-0.01613,　-0.03904,　0.08128,　-0.03699,　-0.05010,　0.10575,　-0.07626,　-0.04174,　0.11928,　-0.05468,　-0.03059,　0.00546,　0.05774	1.00000,　-0.51372,　-0.63029,　-0.48678,　-0.45291,　-0.43797,　-0.42105,　-0.39638,　-0.29879,　-0.33165,　-0.27309,　-0.22868,　-0.34428,　-0.31383,　-0.23567,　-0.25058,　-0.22211,　-0.25075,　-0.19574,　-0.24516,　0.16692

股票名称	21个自相关系数值	21个偏相关系数值
交通运输8	1.00000, -0.48104, -0.24036, 0.22110, 0.11381, -0.14136, -0.00832, 0.07302, -0.03577, -0.05721, 0.10867, -0.04250, -0.05517, 0.07762, -0.03592, -0.02044, 0.04332, -0.00926, -0.00881, -0.04987, 0.08600	1.00000, -0.48104, -0.61380, -0.54441, -0.45009, -0.45534, -0.45519, -0.40058, -0.29978, -0.33557, -0.26890, -0.23933, -0.31062, -0.26803, -0.24828, -0.24449, -0.23375, -0.28679, -0.18010, -0.17746, -0.18643
交通运输9	1.00000, -0.42835, -0.31765, 0.17724, 0.22532, -0.10273, -0.14406, 0.01865, 0.16781, -0.06675, -0.08203, 0.01400, 0.09026, -0.02795, -0.07093, 0.05392, -0.00365, 0.01977, -0.03824, -0.00785, 0.05268	1.00000, -0.42841, -0.61424, -0.60017, -0.52376, -0.45324, -0.34823, -0.39064, -0.33984, -0.34845, -0.29334, -0.29662, -0.27276, -0.22823, -0.27137, -0.20201, -0.25737, -0.24284, -0.22701, -0.25199, -0.19368
交通运输10	1.00000, -0.51314, -0.18854, 0.23474, 0.03281, -0.07687, -0.02096, 0.06797, -0.05284, -0.00195, 0.05352, -0.05574, 0.02012, 0.01890, -0.04014, 0.03255, 0.00689, -0.06310, 0.08141, -0.02968, -0.01785	1.00000, -0.51314, -0.61346, -0.51841, -0.47262, -0.42681, -0.44781, -0.36916, -0.33912, -0.34250, -0.26150, -0.26535, -0.26126, -0.22447, -0.27028, -0.30037, -0.19954, -0.23854, -0.19913, -0.23087, -0.17455

续表

股票名称	21个自相关系数值	21个偏相关系数值
酒店旅游1	1.00000, -0.54211, -0.13351, 0.21324, 0.03230, -0.13019, 0.09741, -0.05184, 0.00546, 0.02537, -0.00072, -0.07761, 0.11429, -0.04329, -0.05017, 0.06564, 0.00397, -0.11283, 0.15740, -0.07211, -0.04009	1.00000, -0.54229, -0.60583, -0.51724, -0.41637, -0.46724, -0.36811, -0.38115, -0.38512, -0.38440, -0.25299, -0.28593, -0.24555, -0.20718, -0.27329, -0.33269, -0.19265, -0.25848, -0.20119, -0.17602, -0.19160
酒店旅游2	1.00000, -0.43418, -0.34855, 0.31625, 0.06152, -0.09934, -0.05050, 0.09646, -0.05381, -0.00854, 0.05140, -0.04396, 0.00996, 0.01109, -0.00156, -0.03474, 0.03437, 0.04062, -0.06280, -0.06074, 0.13908	1.00000, -0.43418, -0.66201, -0.48816, -0.49961, -0.41441, -0.46897, -0.35234, -0.36452, -0.32839, -0.27993, -0.28180, -0.27478, -0.28712, -0.20121, -0.18140, -0.25390, -0.31466, -0.18062, -0.19945, -0.18093
酒店旅游3	1.00000, -0.46799, -0.26220, 0.21948, 0.12625, -0.11610, -0.04102, 0.02326, 0.05563, -0.04637, 0.03044, -0.08745, 0.12166, -0.04815, -0.04978, 0.07648, -0.04908, 0.01522, -0.01166, 0.05137, -0.06895	1.00000, -0.46807, -0.61670, -0.55189, -0.48189, -0.45182, -0.38507, -0.39193, -0.34552, -0.39376, -0.22582, -0.31168, -0.22499, -0.20333, -0.28527, -0.22224, -0.25732, -0.16297, -0.26195, -0.20483, -0.22671

续表

股票名称	21个自相关系数值	21个偏相关系数值
酒店旅游 4	1.00000, -0.46212, -0.29205, 0.28588, 0.06771, -0.13864, 0.01546, 0.07079, -0.05940, -0.04989, 0.11707, -0.02354, -0.07453, 0.01820, 0.06190, -0.01954, -0.05490, 0.04827, 0.00347, -0.03582, 0.03726	1.00000, -0.46218, -0.64315, -0.50523, -0.45288, -0.45184, -0.39796, -0.28957, -0.32256, -0.31399, -0.25505, -0.24701, -0.25384, -0.21806, -0.23712, -0.22644, -0.25115, -0.19559
酒店旅游 5	1.00000, -0.49672, -0.21186, 0.21435, 0.10344, -0.15540, 0.04010, 0.02015, -0.00578, -0.05514, 0.07483, 0.01299, -0.09061, 0.04310, 0.03248, -0.02344, -0.01269, 0.00054, 0.03196, -0.04198, 0.01506	1.00000, -0.49673, -0.60885, -0.54295, -0.43357, -0.47193, -0.42025, -0.29336, -0.30796, -0.33944, -0.29412, -0.25965, -0.26046, -0.26143, -0.25941, -0.18294, -0.13766, -0.18888
酒店旅游 6	1.00000, -0.41266, -0.36548, 0.24683, 0.18774, 0.15845, -0.07768, 0.11654, -0.02292, -0.05507, 0.05152, 0.04976, -0.11234, 0.02170, 0.07524, -0.02626, -0.05030, 0.01822, 0.02364, 0.02867, -0.05270	1.00000, -0.41268, -0.64585, -0.55379, -0.47198, -0.45870, -0.47075, -0.38472, -0.31805, -0.29328, -0.34819, -0.28346, -0.28804, -0.26353, -0.26093, -0.25223, -0.20398, -0.22231, -0.12823, -0.27395, -0.16486

续表

股票名称	21个自相关系数值	21个偏相关系数值
酒店旅游7	1.00000、-0.44404、-0.30446、0.22394、0.15631、-0.11860、-0.09104、0.09896、-0.00283、-0.03719、0.03387、-0.02489、0.01102、0.00403、0.00337、-0.04003、0.04795、0.01304、-0.06092、0.02124、0.02549	1.00000、-0.44404、-0.62488、-0.55846、-0.48915、-0.43883、-0.44922、-0.37402、-0.34090、-0.33820、-0.26783、-0.27557、-0.27268、-0.29322、-0.21477、-0.21661、-0.22645、-0.20304、-0.20229、-0.16629、-0.19445
酒店旅游8	1.00000、-0.44659、-0.30998、0.25631、0.11441、-0.11225、-0.03932、0.00423、0.08079、-0.04711、0.01431、0.00112、0.03204、-0.01803、-0.03111、0.07849、-0.06636、-0.02653、0.08600、-0.01656、-0.08563	1.00000、-0.44659、-0.63648、-0.53415、-0.49325、-0.45091、-0.36593、-0.39745、-0.33329、-0.35199、-0.29952、-0.30567、-0.25689、-0.19292、-0.30900、-0.27574、-0.24934、-0.23585、-0.24826、-0.13321、-0.22830
酒店旅游9	1.00000、-0.44438、-0.30861、0.23917、0.14333、-0.13320、-0.05652、0.08024、-0.00308、-0.04974、0.06596、-0.05163、0.03606、-0.04640、0.02355、0.07095、-0.10325、-0.02423、0.13180、-0.05254、-0.06778	1.00000、-0.44438、-0.63062、-0.54766、-0.47605、-0.44898、-0.44015、-0.38688、-0.32777、-0.36010、-0.26955、-0.33091、-0.19744、-0.17041、-0.28912、-0.27733、-0.22792、-0.21139、-0.26801、-0.17425、-0.19279

续表

股票名称	21 个自相关系数值	21 个偏相关系数值
酒店旅游 10	1.00000、-0.48698、0.23324、0.23363、0.06255、-0.04841、-0.07312、0.01010、0.07632、-0.01282、-0.05398、-0.01866、0.08785、-0.01179、-0.08218、0.05548、0.00527、0.00505、-0.03128、0.00509、0.03788	1.00000、-0.48698、-0.61665、-0.52937、-0.51743、-0.42170、-0.35759、-0.36249、-0.37433、-0.35550、-0.26190、-0.27278、-0.27642、-0.23722、-0.26312、-0.21902、-0.23935、-0.21036、-0.21512、-0.24747、-0.18169

附图1：

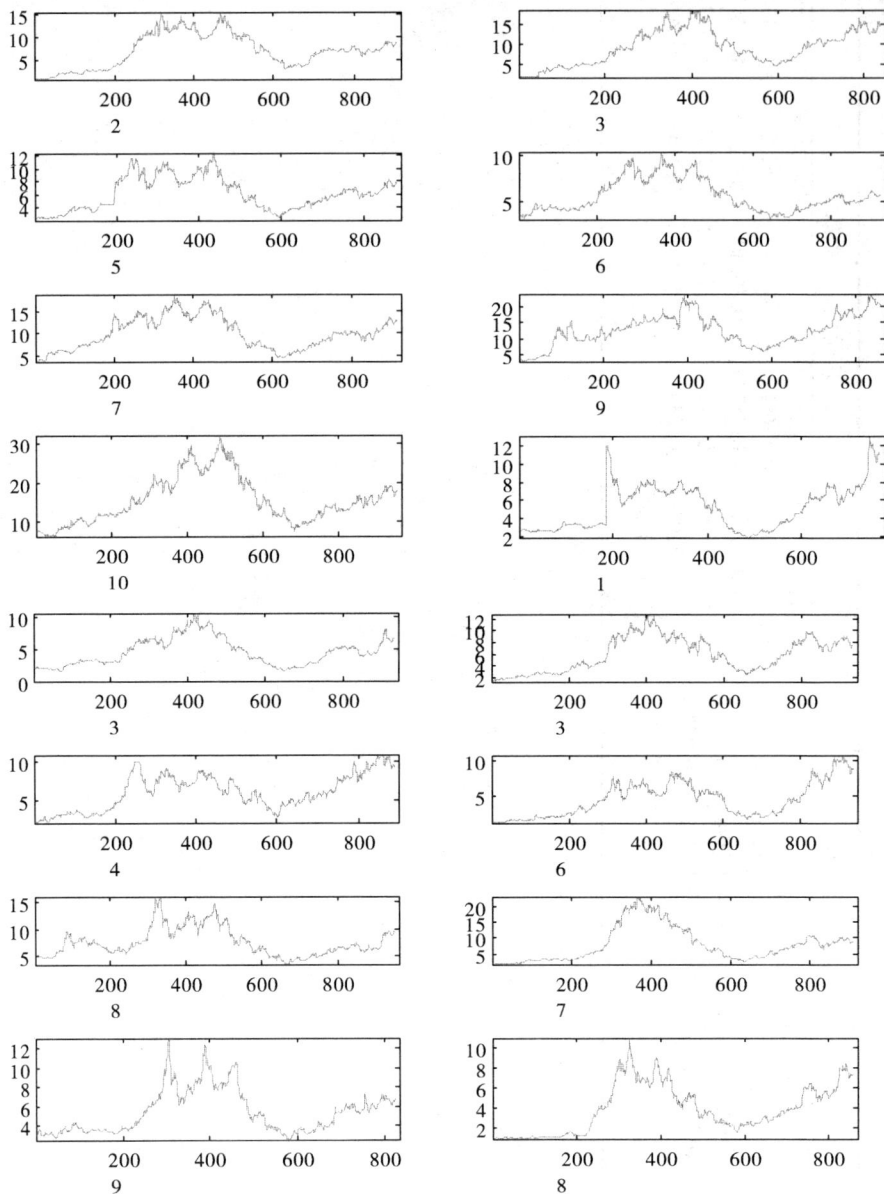

附图1 初始聚类中心的原始波形图

参考文献

一、中文参考文献

[1] 张世英，樊智. 协整理论与波动模型：金融时间序列分析及应用 [M]. 北京：清华大学出版社，2005.

[2] 张世英，许启发，周红. 金融时间序列分析 [M]. 北京：清华大学出版社，2008.

[3]〔美〕TSAY R S. 金融时间序列分析 [M]. 北京：人民邮电出版社，2009.

[4] 骆科东. 短时间序列挖掘方法研究 [D]. 北京：清华大学，2004.

[5] 黄玮强，庄新田，姚爽. 基于信息传播和羊群行为的股票市场微观模拟研究 [J]. 管理学报，2010（2）：273 – 277.

[6] 范剑青，姚琦伟. 非线性时间序列：建模、预报及应用 [M]. 北京：高等教育出版社，2005.

[7]〔美〕TAN P N, STEINBACH M, KUMAR V. 数据挖掘导论 [M]. 北京：人民邮电出版社，2006.

[8] 武森，高学东，〔德〕M. 巴斯蒂安. 数据仓库与数据挖掘 [M]. 北京：冶金工业出版社，2003.

[9] 程正兴，杨守志，冯晓霞. 小波分析的理论、算法、进展和应用 [M]. 北京：国防工业出版社，2007.

[10] 杜奕. 时间序列挖掘相关算法研究及应用 [D]. 合肥：中国科学技术大学，2007.

[11] 程正兴. 小波分析与应用实例 [M]. 西安：西安交通大学出版社，2006.

[12] 杜修平. 基于数据挖掘的证券态势估计系统 [D]. 天津：天津大学，2006.

[13] 江浩. 面向相似性的时间序列表示与搜索方法研究 [D]. 武汉：华中科技大学，2004.

[14] 张善文，雷英杰，冯有前. MATLAB 在时间序列分析中的应用 [M]. 西安：西安电子科技大学出版社，2007.

[15] 〔英〕M. P. 柯莱蒙兹，D. F. 韩德瑞，陆懋祖. 预测经济时间序列 [M]. 北京：北京大学出版社，2008.

[16] 〔美〕PERCIVAL D P，〔英〕WALDEN A T. 时间序列分析的小波方法 [M]. 北京：机械工业出版社，2006.

[17] 杨春成. 空间数据挖掘中聚类分析算法的研究 [D]. 郑州：中国人民解放军信息工程大学，2004.

[18] 王晓晔. 时间序列数据挖掘中相似性和趋势预测的研究 [D]. 天津：天津大学，2003.

[19] 卢山. 基于非线性动力学的金融时间序列预测技术研究 [D]. 南京：东南大学，2006.

[20] 王文利. 基于数据挖掘的金融时间序列的小波理论应用 [D]. 天津：天津工业大学，2004.

[21] 黄超. 基于特征分析的金融时间序列挖掘若干关键问题研究 [D]. 上海：复旦大学，2005.

［22］兰秋军. 金融时间序列隐含模式挖掘方法及其应用研究［D］. 长沙：湖南大学，2004.

［23］杨小兵. 聚类分析中若干关键技术的研究［D］. 杭州：浙江大学，2005.

［24］赵恒. 数据挖掘中聚类若干问题研究［D］. 西安：西安电子科技大学，2005.

［25］陈佐. 时间序列相空间重构数据挖掘方法及其在证券市场的应用［D］. 长沙：湖南大学，2007.

［26］王中. 数据挖掘技术及其在证券领域的应用［D］. 天津：天津大学，2005.

［27］王莉. 数据挖掘中聚类方法的研究［D］. 天津：天津大学，2003.

［28］国宏伟. 时间序列数据挖掘应用研究［D］. 北京：北京科技大学，2007.

［29］唐艳群. 对时间序列的基于模型聚类的探讨［D］. 广州：中山大学，2007.

［30］管河山. 金融多元时间序列挖掘方法研究与应用［D］. 厦门：厦门大学，2008.

［31］高宁. 陀螺漂移信号的小波去噪及其误差模型的研究［D］. 天津：天津大学，2003.

［32］谭华. 不确定时态数据挖掘方法及其在证券行情预测中的应用［D］. 长沙：湖南大学，2008.

［33］刘兵. 时间序列与聚类挖掘相关技术研究［D］. 上海：复旦大学，2006.

［34］郑继萍. 时间序列的相似性挖掘及其在股票时间序列中的应用［D］. 大连：东北财经大学，2007.

[35] 孙宇轩. 基于小波分析的中国股市时间序列研究 [D]. 北京：北京交通大学，2010.

[36] 张保稳. 时间序列数据挖掘研究 [D]. 西安：西北工业大学，2002.

[37] 裴继红，范九伦，谢维信. 聚类中心的初始化方法 [J]. 电子科学学刊，1999，21（3）：320－325.

[38] 吴绍春. 地震预报中的数据挖掘方法研究 [D]. 上海：上海大学，2005.

[39] 孙玉芬. 基于网格方法的聚类算法研究 [D]. 武汉：华中科技大学，2006.

[40] 王晓甄. 基于代表点的数据和文本聚类新方法的研究 [D]. 天津：天津大学，2006.

[41] 曲吉林. 时间序列挖掘中索引与查询技术的研究 [D]. 天津：天津大学，2006.

[42] 赵恒. 数据挖掘中聚类若干问题研究 [D]. 西安：西安电子科技大学，2005.

[43] 贺玲，吴玲达，蔡益朝. 数据挖掘中的聚类算法综述 [J]. 计算机应用研究，2007（1）：10－13.

[44] 张愚，翁小雄. CURE 聚类方法及其在交通信息服务系统中的应用 [J]. 科学技术与工程，2009（10）：2611－2615.

[45] 贾澎涛，何华灿，刘丽，等. 时间序列数据挖掘综述 [J]. 计算机应用研究，2007，24（11）：15－18，29.

[46] 段江娇，薛永生，林子雨，等. 一种新的基于隐 Markov 模型的分层时间序列聚类算法 [J]. 计算机研究与发展，2006，43（1）：61－67.

[47] 邢永康，马少平. 一种基于 Markov 链模型的动态聚类方法

［J］．计算机研究与发展，2003，40（2）：129－135.

［48］王莉，臧良俊，宋仁峰．RDVS：一种基于代表点、密度及神经网络的聚类方法［J］．计算机科学，2005（8）：171－175.

［49］吕昱，程代杰．基于隐马尔可夫模型的符号序列自组织聚类［J］．计算机科学，2006，33（8）：210－212.

［50］王国仁，葛健，徐恒宇，等．基于二分频率变换的序列相似性查询处理技术［J］．软件学报，2006，17（2）：232－241.

［51］刘懿，鲍德沛，杨泽红，等．符号化近似 SAX 在时序数据挖掘中的应用研究［J］．计算机工程与应用，2006（27）：191－193.

［52］蒋嵘，李德毅．基于形态表示的时间序列相似性搜索［J］．计算机研究与发展，2000，37（5）：601－608.

［53］曾海泉．时间序列挖掘与相似性查找技术研究［D］．上海：复旦大学，2003.

［54］吕金虎．混沌时间序列的预测及其特征量计算［D］．武汉：武汉水利电力大学，2000.

［55］孙梅玉，唐漾，方建安．一种基于 MBR 的高效的时间序列表示方法［J］．计算机工程与应用，2008，44（16）：135－138.

［56］侯守国．基于小波分析的股市高频数据研究［D］．天津：天津大学，2004.

［57］罗勇．小波神经网络在金融时间序列分析中的应用［D］．成都：成都理工大学，2007.

［58］钟维年，高清维，陈燕玲．基于小波和多重分形的金融时间序列聚类［J］．系统工程，2009（3）：58－61.

［59］朱冲，朱贤贵，张向利．金融时间序列挖掘综合模型［J］．计算机系统应用，2009（2）：46－48.

［60］黄书剑．时间序列数据上的数据挖掘［J］．软件学报，2004

（1）：1－8.

[61] 黄超，龚惠群．金融领域时间序列挖掘技术研究 [J]．东南大学学报（哲学社会科学版），2007（5）：36－39.

[62] 张小涛，李翠玉．基于模型的不等间隔时间序列聚类算法研究 [J]．计算机工程与应用，2008（6）：166－168.

[63] 欧阳为民，蔡庆生．数据库中的时态数据挖掘研究 [J]．计算机科学，1998，25（4）：60－63.

[64] 战立强，刘大昕，张健沛．基于小波滤波的时间序列子序列聚类 [J]．计算机工程与应用，2007（10）：4－10.

[65] 武红江，赵军平，彭勤科，等．基于波动特征的时间序列数据挖掘 [J]．控制与决策，2007（2）：160－163.

[66] 潘定，沈钧毅．时态数据挖掘的相似性发现技术 [J]．软件学报，2007，18（2）：246－258.

[67] 刘宗昂，杨莘元，王丽安．一种新的小波去噪算法 [J]．弹箭与制导学报，2009（1）：286－289.

[68] 田玉静，左红伟．小波去噪阈值算法优化 [J]．声学技术，2009（4）：503－506.

[69] 张雯雯，司锡才，柴娟芳，等．基于小波窗口的模极大值去噪算法 [J]．系统工程与电子技术，2008（10）：1844－1846.

[70] 管河山，姜青山．时间序列挖掘中一种新的相似性度量 [J]．计算机工程与应用，2007（26）：152－155.

[71] 霍炬，王石静，杨明，等．基于小波变换阈值法处理光纤陀螺信号噪声 [J]．中国惯性技术学报，2008（3）：343－347.

[72] 兰秋军，马超群，文凤华．金融时间序列去噪的小波变换方法 [J]．科技管理研究，2004（6）：117－120.

[73] 杨凌．上海股票市场的基于小波去噪的混沌性检验 [J]．统

计与信息论坛, 2006 (3): 86 – 89.

［74］杨凌. 深圳证券市场混沌性探测的前提: 小波去噪［J］. 统计与决策, 2006 (4): 21 – 23.

［75］庄新田, 黄小原. 股价指数的自相关与标度不变性分析［J］. 东北大学学报, 2002 (6): 542 – 545.

［76］吕金虎, 陆君安, 陈士华. 混沌时间序列分析及其应用［M］. 武汉: 武汉大学出版社, 2002.

［77］韩敏. 混沌时间序列预测理论与方法［M］. 北京: 中国水利水电出版社, 2007.

［78］孙旭. 时间序列全局特征聚类分析方法及其应用［J］. 统计教育, 2009 (3): 55 – 59.

［79］王元珍, 李俊奎, 曹忠升. RPAA: 一种基于时间特性的时间序列建模表示［J］. 计算机科学, 2007, 34 (3): 83 – 86.

［80］黄超, 吴清烈, 武忠, 等. 基于方差波动多重分形特征的金融时间序列聚类［J］. 系统工程, 2006 (6): 100 – 103.

［81］王全. 空间数据挖掘的机理研究——聚类问题算法研究［D］. 西安: 西安工业大学, 2008.

［82］HAN J, KAMBER M. Data mining: concepts and techniques ［M］. 北京: 高等教育出版社, 2001.

二、英文参考文献

［1］CHEN M S, HAN J, YU P S. Data mining: an overview from a database perspective ［J］. IEEE Transactions on Knowledge and Data Engineering, 1996, 8 (6): 866 – 883.

［2］RICARDO D A. Swarm – based translation – invariant morphological prediction method for financial time series forecasting ［J］. Information

Sciences, 2010, 180 (24): 4784 – 4805.

[3] FU T C, CHUNG F L, LUK R, et al. Representing financial time series based on data point importance [J]. Engineering Applications of Artificial Intelligence, 2008, 21 (2): 277 – 300.

[4] AGRAWAL R, FALOUSTSOS C, SWAMI A. Efficient similarity search in sequence databases [C] //David B L. Proc. of International Conference on Foundations of Data Organization and Algorithms, FODO' 93. Chicago: Springer – Verlag, 1993: 69 – 84.

[5] ZHAO X J. High performance algorithms for multiple streaming time series [D]. New York: New York University, 2006.

[6] WANG Z H. Time series matching: a multi – filter approach [D]. New York: New York University, 2006.

[7] CHAMOLI A, BANSAL A R, DIMRI V P. Wavelet and rescaled range approach for the Hurst coefficient for short and long time series [J]. Computers & Geosciences, 2007, 33 (1): 83 – 93.

[8] RICARDO DE A, FERREIRA TIAGO A E. An intelligent hybrid morphological – rank – linear method for financial time series prediction [J]. Neurocomputing, 2009, 72 (10): 2507 – 2524.

[9] LU C J, LEE T S, CHIU C C. Financial time series forecasting using independent component analysis and support vector regression [J]. Decision Support Systems, 2009, 47 (2): 115 – 125.

[10] SCHäFER R, GUHR T. Local normalization: Uncovering correlations in non – stationary financial time series [J]. Physica A: Statistical Mechanics and its Applications, 2010, 389 (18): 3856 – 3865.

[11] BOWERMAN B L, CONNELL R T. Forecasting and time series: an applied approach [M]. Belmont, California: Duxbury Press, 1993.

［12］POVINELLI R J , FENG X. Data mining of multiple non – stationary time series ［C］//Proc. of Artificial Neural Networks in Engineering. St. Louis, Missouri: Artificial Neural Networks in Engineering, 1999: 511 – 516.

［13］POVINELLI R J. Time series data mining: identifying temporal patterns for characterization and prediction of time series events ［D］. Milwaukee, Wisconsin: Faculty of the Graduate School, Marquette University, 1999.

［14］AGRAWAL R, FALOUTSOS C , SWAMI A. Efficient similarity search in sequence databases ［J］. Lecture Notes in Computer Science 730, Springer – Verlag. 1993: 69 – 84.

［15］FALOUTSOS C, RANGANATHAN M, MANOLOPOULO F. Fast subsequence matching in time – series databases ［C］// Proceedings of ACM SIGMOD Conference on Management of Data (SIGMOD '94). New York, NY: ACM Press, 1994: 419 – 429.

［16］YU L, WANG S Y, LAI K L. A neural – network – based nonlinear metamodeling approach to financial time series forecasting ［J］. Applied Soft Computing, 2009, 9 (2): 563 – 574.

［17］AGRAWAL R, LIN K, SAWHNEY H S, et al. Fast similarity of noise, scaling, and translation in time – series databases search in the presence ［C］//Proceedings of the 21th International Conference on Very Large Data Bases. San Francisco: Morgan Kaufmann Publishers Inc. , 1995: 490 – 501.

［18］LI C S, YU P S , CASTELLI V. Hierarchy – Scan, a Hierarchical Algorithm for Similarity Search of Databases Consisting of Long Sequences ［J］. Knowledge and Information Systems, 1999, 1 (2): 229 – 256.

［19］RAFIEI D, MENDELZON A. Similarity – based queries for time series data [C] //Proc. of ACM SIGMOD Conf. on Management of Data (SIGMOD97) . New York, NY: ACM Press, 1997: 13 – 25.

[20] DAS G, GUNOPULOUS D, MANNILA H. Finding similar time series [C] //KOMOROWSKI J, ZYTKOW J. Proc. of 1st European Symposium on Principles of Data Mining and Knowledge Discovery (PKDD97) . Berlin: Springer, 1997: 88 – 100.

[21] KORN F, JAGADISHH V, FALOUTSOS C. Efficiently Supporting ad Hoc Queries in Large Datasets of Time Sequences [C] //Proceedings of the 1997 ACM SIGMOD International Conference on Management of Data. New York, NY: The 1997 ACM SIGMOD International Conference on Management of Data, 1997: 289 – 300.

[22] HUHTALA Y, KARKKAINEN J, TOIVONEN H. Mining for similarities in aligned time series using wavelets [C] //Proc. of SPIE Conf. on Data Mining and Knowledge Discovery (SPIE 99) . Society of Photo – optical Instrumentation Engineers, 1999: 150 – 160.

[23] ROSENSTEIN M T, COHEN P R. Concepts from time series [C] // Proc. of the fifteenth national/tenth conference on Artificial intelligence/Innovative applications of artificial intelligence. Madison, Wisconsin, United States: the fifteenth national/tenth conference on Artificial intelligence/Innovative applications of artificial intelligence, 1998: 739 – 745.

[24] DAS G, LIN K, MANNILA H, et al. Rule discovery from time series [C] //Proceedings of the Fourth International Conference on Knowledge Discovery and Data Mining (KDD – 98) . California: AAAI Press, 1998: 16 – 22.

[25] HAN J, DONG G, YIN Y. Efficient mining of partial periodic patterns in time series databases [C] // Proc. 1999 Int. Conf. Data. Engi-

neering (ICDE99), Sydney Australia: ICDE99, 1999: 106 – 115.

[26] TAKENS F. Detecting strange attractors in turbulence [C] // Proc. of Dynamical Systems and Turbulence. Warwick: Dynamical Systems and Turbulence, 1980: 366 – 381.

[27] LUXHOJ J T, RIIS J O, STENSBALLE B. A hybrid econometric-network modeling approach for sales forecasting [J]. Int. J. Prod. Econ. 1996 (43): 175 – 192.

[28] KEOGH E, LIN J. Clustering of time series subsequences is mean-ingless: Implications for previous and future research [C] // Proceedings of the Third IEEE International Conference on Data Mining. Melbourne, FL, USA: the Third IEEE International Conference on Data Mining, Year of Pub-lication, 2003: 56 – 65.

[29] BJORVAND A T. Time Series and Rough Sets [D]. Norway: The Norwegian Institute of Technology, The University of Trondheim, 1996.

[30] Gunopulos D. Time series similarity measure [C] //Proceedings of the 2001 ACM SIGMOD International Conference on Management of Data. New York, NY: ACM Press, 2001.

[31] BRADLEY P S, FAYYAD U M. Refining initial points for k – means clustering [C] // Proc. of the 15th International Conference on Ma-chine Learning. Madison, WI, USA: Proc. of the 15th International Confer-ence on Machine Learning, 1998: 91 – 99.

[32] HALKIDI M, BATISTAKIS Y, VAZIRGIANNIS M. On cluste-ring validation techniques [J]. Journal of Intelligent Information Systems (JIIS), 2001, 17 (2/3): 107 – 145.

[33] KALPAKIS K, GADA D, PUTTAGUNTA V. Distance measures for effective clustering of ARIMA time series [C] // Proc. of the IEEE In-

ternational Conference on Data Mining. San Jose, CA: the IEEE International Conference on Data Mining, 2001: 273 – 280.

[34] KEOGH E, LIN J, TRUPPEL W. Clustering of time series subsequences is meaningless: Implications for past and future research [C] // Proc. of the 3rd IEEE International Conference on Data Mining. Melbourne, FL, USA: the 3rd IEEE International Conference on Data Mining, 2003: 115 – 122.

[35] WANG C, WANG X S. Supporting content – based searches on time series via approximation [C] //Proc. of the 12th International Conference on Scientific and Statistical Database Management, Berlin, Germany: the 12th International Conference on Scientific and Statistical Database Management, 2000: 69 – 81.

[36] POVINELLI R. Identifying Temporal Pattern for Characterization and Prediction of Financial Time Series Event [C] // Proc. Of International Workshop on Temporal, Spatial and Spatio – Temporal Data Mining, TSDM2000. Lyon, France: TSDM, 2000.

[37] HIRANO S, TSUMOTO S. Empirical comparison of clustering methods for long time – series databases [M]. Berlin Heidelberg: Springer-Verlag, 2005: 268 – 286.

[38] ZHENG B X, XI Y G, DU X H. Research on mining and similarity searching in time series database [D]. Shanghai: Fudan University, 2003.

[39] RODDICK J, SPILIOPOULOU M. A survey of temporal knowledge discovery paradigms and methods [J]. IEEE Trans. on Knowledge and Data Engineering, 2002, 14 (4): 750 – 768.

[40] VIZQUEZ I, OLIAS E, BARRADO A, et al. Analysis of long

time series of environmental electromagnetic field [J]. Electronics Letters, 2003, 39, (1): 125.

[41] HIRANO S, TSUMOTO S. Mining similar temporal patterns in long time – series data and its application to medicine [J]. IEEE, 2002 (1): 219 – 226.

[42] SMITH S W. The Scientist and Engineer's Guide to Digital Signal Processing [M]. California: California Technical Publishing, 1997.

[43] JANSEN M. Noise Reduction by Wavelet Thresholding [M]. Berlin: Springer, 2001.

[44] KHEMCHANDANI P, JAYADEVA, CHANDRA S. Regularized least squares fuzzy support vector regression for financial time series forecasting [J]. Expert Systems with Applications, 2009, 36 (1): 132 – 138.

[45] KEOGH E, CHAKRABARTI K, PAZZANI M J, et al. Dimensionality reduction for fast similarity search in large time – series databases [J]. Knowledge and Information Systems, 2001, 3 (3): 263 – 286.

[46] RAFIEI D, MENDELZON A. Efficient Retrieval of Similar Time Sequences Using DFT [C] //FODO '98 Conference, Kobe, Japan: FODO, 1998.

[47] KEOGH E, PAZZANI M J. An Enhanced Representation of Time Series Which Allows Fast and Accurate Classification, Clustering and Relevance Feedback [C] //Proceedings of the 3rd International Conference of Knowledge Discovery and Data Mining. New York: The Association for the Advancement of Artificial Intelligence, 1998: 239 – 241.

[48] SMYTH P. Clustering sequences with Hidden Markov Models [M] //MOZER M C, JORDAN M I, PETSCHE T. Advances in Neural Information Processing Systems. Boston: MIT Press, 1997: 648.

［49］GAFFNEY S, SMYTH P. Trajectory clustering with mixtures of regression models ［C］// Proceedings of the 5th ACM SIGKDD International Conference on Knowledge Discovery and Data Mining（KDD99）. New York, NY: ACM Press, 1999: 63 – 72.

［50］GAFFNEY S, SMYTH P. Curve clustering with random effects regression mixtures ［C］//BISHOP C M, FREY B J. Proceedings of the 9th International Workshop on Artificial Intelligence and Statistics. Society for Artificial Intelligence and Statistics, 2003.

［51］CHEONG C W. Self – similarity in financial markets: A fractionally integrated approach ［J］. Mathematical and Computer Modelling, 2010, 52（3 – 4）: 459 – 471.

［52］MEGALOOIKONOMOU V, LI G, WANG Q. A dimensionality reduction technique for efficient similarity analysis of time – series databases ［C］// GROSSMAN D, GRAVANO L, ZHAI C, et al. Proceedings of the 13th International Conference on Information and Knowledge Management （CIKM04）. New York, NY: ACM Press, 2004: 160 – 161.

［53］FALOUTSOS C, RANGANATHAN M, MANOLOPOULOS Y. Fast Subsequence Matching in Time – Series Databases ［C］//Proc. of the 1994 ACM SIGMOD Conference, Mineapolis: the 1994 ACM SIGMOD International Conference, 1994: 419 – 429.

［54］CHAN K, FU A W. Efficient time series matching by wavelets ［C］// Proceedings of the 1st IEEE Int1 Conference on Data Engineering. Sydney, Australia: the 1st IEEE Int ′1 Conference on Data Engineering, 1999: 126 – 133.

［55］GIL – ALANA L A. A simple non – linear model with fractional integration for financial time series data ［J］. International Review of Financial Analysis，2008，17（5）：838–848.

［56］YAMADA Y，SUZUKI E. Decision–tree induction from time–series data based on a standard example split test ［C］// FAWCETT T，MISHRA N. Proceedings of the 20th International Conference on Machine Learning（ICML03）. San Francisco：Morgan Kaufmann，2003：840–847.

［57］RATANAMAHATANA C A，KEOGH E. Making time–series classification more accurate using learned constraints ［C］//BERRY M W，DAYAL U，KAMATH C，et al. Proceedings of the 4th SIAM International Conference on Data Mining（SDM 04）. Orlando，Florida，USA：SIAM，2004：11–12.

［58］COTOFREI P，STOFIEL K. First–order logic based formalism for temporal data mining ［C］// LIN T，S. OHSUGA S，LIAU C J，et al，Foundations of Data Mining and Knowledge Discovery. Berlin：Springer，2005：193–218.

［59］WEISS G M. Mining with rarity：A unifying framework ［J］. ACM SIGKDD Explorations Newsletter，2004，6（1）：7–19.

［60］SALVADOR S，CHAN P，BRODIE J. Learning states and rules for time–series anomaly detection ［C］// BARR V，MARKOV Z，eds. Proceedings of 17th International Florida AI Research Society Conference（FLAIRS04）. San Jose，California：AAAI Press，2004.

［61］WEI L，KUMAR N，LOLLA V，et al. Assumption–free anomaly detection in time series ［C］//FREW J. Proceedings of the 17th International Conference on Scientific and Statistical Database Management（SSDBM05）. Berkeley，United States：the 17th International Conference on Scientific and Statistical Database Management，2005：237–242.

［62］MA J，PERKINS S. Online novelty detection on temporal sequences [C] //GETOOR L, SENATOR T E, DOMINGOS P, et al. Proceedings of the 9th ACM SIGKDD International Conference on Knowledge Discovery and Data Mining (KDD 03) . New York, NY: ACM Press, 2003: 613 –618.

[63] MULLER K R, SMOLA A J, RATSCH G, et al. Predicting time series with support vector machines [C] //GERSTNER W, GERMOND A, HASLER M, et al. Proceedings of the 7th International Conference on Artificial Neural Networks (ICANN97) . Berlin: Springer, 1997: 999 –1004.

[64] ÖZDEN B, RAMASWAMY S, SILBERSCHATZ A. Cyclic association rules [C] //Sipple R S. Proc. of the 14th Int' l Conf. on Data Engineering, ICDE' 98. Orlando: IEEE Computer Society, 1998: 412 –421.

[65] RAINSFORD C P, RODDICK J F. Adding temporal semantics to association rules [C] //ZYTKOW J M, RAUCH J. Proc. of the 3rd European Conf. on Principles of Data Mining and Knowledge Discovery, PKDD' 99. Prague: Springer –Verlag, 1999: 504 –509.

[66] CHEN X, PETROUNIAS I. Mining temporal features in association rules [C] // ZYTKOW J M, RAUCH J. Proc. of the 3rd European Conf. on Principles of Data Mining and Knowledge Discovery, PKDD' 99. Prague: Springer –Verlag, 1999: 295 –300.

[67] AGRAWAL R, SRIKANT. Mining Sequential Patterns [C] // Proc. of 95 Int1 Conf. Data Engineering, Taibei: 95 Int1 Conf. Data Engineering, 1995.

[68] HAN J, PEI J, YAN X. From sequential pattern mining to structured pattern mining: A pattern –growth approach [J] . Journal of Computer Science and Technology, 2004, 19 (3): 257 –279.

[69] AGRAWAL R , SRIKANT R. Fast Algorithm for Mining Associa-

tion Rule in Large Databases [C] //Proceedings of the 20th International Conference on Very Large Data Bases. San Francisco: Morgan Kaufmann Publishers Inc. , 1994: 487 – 499.

[70] WU Y L, AGRAWAL D, ABBADI A. A Comparison of DFT and DWT Based Similarity Search in Time – Series Databases [C] //Proceedings of the ninth international conference on Information knowledge management, CIKM 2000. New York, NY: Association for Computing Machinery, 2000.

[71] STRUZIK Z, SIEBES A. The Haar wavelet transform in the time series similarity paradigm [C] // Proceedings of the 3rd European Conference on Principles and Practice of Knowledge Discovery in Databases. Berlin Heidelberg: Springer – Verlag, 1999: 12 – 22.

[72] CHAN F K, FU A W, YU C. Haar wavelets for efficient similarity search of time – series: with and without time warping [J] . IEEE Transactions on Knowledge and Data Engineering, 2003, 15 (3): 686 – 705.

[73] POPIVANOV I, MILLER R J. Similarity Search Over Time – Series Data Using Wavelets [C] . Proceedings 18th International Conference on Data Engineering. San Jose, CA: IEEE, 2002: 212 – 221.

[74] AUDIT B, BACRY E, MUZY J F, et al. Wavelet – based estimators of scaling behavior [J] . IEEE Transactions on Information Theory, 2002, 48 (11): 2938 – 2954.

[75] LAST M, KLEIN Y, KANDEL A. Knowledge Discovery in Time Series Databases [J] . IEEE Transactions on Systems, Man and Cybernetics, 2001, 31 (1) : 160 – 169.

[76] GURALNIK V, WIJESEKERA D, SRIVASTAVA J. Pattern – directed mining of sequence data [C] //Proceedings of the 4th International

Conference on Knowledge Discovery and Data Mining. Berlin: Springer – Verlag, 1998: 51 – 57.

[77] MUCHNIK L, BUNDE A, HAVLIN S. Long term memory in extreme returns of financial time series [J] . Physica A: Statistical Mechanics and its Applications, 2009, 388 (19): 4145 – 4150.

[78] KEOGH E, CHAKRABARTI K, PAZZANI M, et al. Dimensionality reduction for fast similarity search in large time series databases [C] // Proceedings of the ACM SIGMOD International Conference on Management of Data. New York, NY: ACM Press, 2001: 151 – 162.

[79] KEOGH E, PAZZANI M. Scaling up dynamic time warping for data mining Applications [C] //Proceeding of the Sixth ACM SIGKDD International Conference on Knowledge Discovery and Data Mining. New York, NY: ACM Press, 2000: 285 – 289.

[80] KEOGH E, PAZZANI M. An enhanced representation of time series which allows fast and accurate classification. clustering and relevance feedback [C] //Proceedings of the 4th International Conference of Knowledge Discovery and Data Mining. Palo Alto, California: AAAI Press, 1998: 239 – 241.

[81] KEOGH E, SMYTH P. A probabilistic approach to fast pattern matching in time series databases [C] //Proceedings of the 3rd International Conference of Knowledge Discovery and Data Mining. Palo Alto, California: AAAI Press. 1997: 24.

[82] KEOGH E, PAZZANI M. An Indexing Scheme For Fast Similarity Search In Large Time Series Databases [C] //Proceedings of Eleventh International Conference on Scientific and Statistical Database Management. Cleveland, OH, USA: IEEE, 1999: 56 – 67.

[83] KEOGH E, CHAKRABARTI K, MEHROTRA S, et al. Locally adaptive dimensionality reduction for indexing large time series databases [J]. ACM Transactions on Database Systems, 2002, 27 (2): 188 –228.

[84] KEOGH E, CHU S, HART D, PAZZANI M. An online algorithm for segmenting time series [C] //Proc. of the IEEE international conference on data mining. San Jose, CA, USA: IEEE, 2001: 289 –296.

[85] LIN J, KEOGH E, WEI L, et al. Experiencing SAX: a novel symbolic representation of time series [J] . Data Mining & Knowledge Discovery, 2007 (15): 107 –144.

[86] HEBRAIL G, HUGUENEY B. A Symbolic representation of long time series [C] //Proc. Of Applied Stochastic Models and Data Analysis Conference (ASMDA' 2001) . Paris: ASMDA' 2001, 2001.

[87] KUMAR V, KEOGH E, LONARDI S, et al. Time – series bitmaps: a practical visualization tool for working with large time series databases [C] // KARGUPTA H, SRIVASTAVA J, KAMATH C, et al. Proceedings of the 5th SIAM International Conference on Data Mining (SDM05) . SIAM, 2005: 531 –535.

[88] PERNG C S, WANG H, ZHANG S, et al. Landmarks: A new model for similarity – based pattern querying in time series databases [C] // Proceedings of 16th International Conference on Data Engineering. San Diego, CA, USA: IEEE, 2000: 33 –42.

[89] BOX G, JENKINS G M, REINSEL G. Time Series Analysis: Forecasting & Control [M] . 3rd edition. Upper Saddle River, NJ, USA: Prentice Hall PTR , 1994.

[90] BROCKWELL P G, DAVIS R A. Introduction to Time Series and Forecasting [M] . 2nd edition. Berlin: Springer, 2002.

[91] GATELY E. Neural networks for financial forecasting [M].
New York: Wiley, 1996.

[92] ZHANG D F. An intelligent trading system based on neural network [C/CD] //2003 International Conference on Informatics, Cybernetics, and System. Huhehaote, China: ICICS, 2003: 1044 – 1045.

[93] KOSKELA T. Neural Network Methods In Analysing And Modelling Time Varying Processes [D]. Espoo, Finland: Helsinki University of Technology, 2003.

[94] BURGES C J C. A tutorial on support vector machines for pattern recognition [J]. Data Mining and Knowledge Discovery, 1998, 2 (2): 167.

[95] ARMSTRONG J S. Principles Of Forecasting: A Handbook for Researchers and Practitioners [M]. Boston: Kluwer Academic Publishers, 2001.

[96] SFETSOS A, SIRIOPOULOS C. Time series forecasting with a hybrid clustering scheme and pattern recognition [J]. IEEE Transactions on Systems, Man and Cybernetics, 2004, 34 (3): 399 – 405.

[97] HAN J W, KAMBERM M, PEI J. Data Mining: Concepts and Techniques [M]. California, USA: Morgan Kaufmann, 2001.

[98] JAIN A, DUBES R. Algorithms for clustering data [M]. New Jersey: Prentice – Hall, Inc, 1998.

[99] GUHA S, RASTOGI R, SHIM K. Cure: An efficient clustering algorithm for large databases [J]. Information Systems, 2001, 25 (1): 35 – 58.

[100] ZHANG T, RAMAKRISHNAN R, LIVNY M. BRICH: An efficient data clustering method for very large databases [J]. ACM Sigmod Record, 1999, 25 (2): 103 – 114.

[101] ANKERST M, BREUNIG M, KRIEGEL H P, et al. OPTICS: Ordering points to identify the clustering structure [J] . ACM Sigmod Record, 1999, 28 (2): 49 – 60.

[102] ESTER M , KRIEGEL H, SANDER J, et al. A density – based algorithm for discovering clusters in large spatial databases with noise [C] // Proceedings of the Second International Conference on Knowledge Discovery and Data Mining. Portland, Oregon: AAAI Press, 1996: 226 – 231.

[103] WANG W, YANG J, MUNTZ R. STING + : An Approach To Active Spatial Data Mining [C] //Proceedings Of The 15th International Conference On Data Engineering . Sydney, Australia: ICDE 1999, 1999: 116 – 125.

[104] WANG W, YANG J, MUNTZ R. STING: a Statistical Information Grid Approach To Spatial Data Mining [C] //Proceedings of 23rd International Conference on Very Large Data Bases. Athens, Greece: VLDB 1997, 1997: 186 – 195.

[105] LI S T, KUO S C, CHENG Y C, et al. Deterministic vector long – term forecasting for fuzzy time series [J] . Fuzzy Sets and Systems, 2010, 161 (13): 1852 – 1870.

[106] LIAO T W. Clustering of time series data—a survey [J] . Pattern Recognition, 2005 (38): 1857 – 1874.

[107] CHEONG W C, LEE W, YAHAYA N A. Wavelet – based temporal cluster analysis on stock time series [C] //Proceedings of ICOQSIA 2005. Penang, Malaysia: ICOQSIA, 2005: 6 – 8.

[108] WANG X Z , SMITH K A, HYNDMAN R J. Dimension reduction for clustering time series using global characteristics [C] //Proceedings of the International Conference on Computational Science. Atlanta, Ga,

USA: DBLP, 2005: 792 - 795.

[109] RATANAMAHATANA C, KEOGH E, BAGNALL T, et al. A Novel Bit Level Time Series Representation with Implication of Similarity Search and Clustering [C] //Proceedings of PAKDD' 2005. Hanoi, Vietnam: PAKDD, 2005: 771 - 777.

[110] MÖRCHEN F. Time Series Knowledge Mining [D] . Germany: Philips - University, 2006.

[111] HÖPPNER F. Time Series Abstraction Methods - A Survey [C] //Proceedings of the GI Jahrestagung Informatik, Workshop on Knowledge Discovery, in Databases. Dortmund, Germany: the GI Jahrestagung Informatik, Workshop on Knowledge Discovery, in Databases, 2002: 777 - 786.

[112] ANTUNES C, OLIVEIRA A. Temporal Data Mining: An overview [C] //Proceedings of KDD Workshop on Temporal Data Mining. San Francisco: KDD Workshop on Temporal Data Mining, 2001: 1 - 13.

[113] ZHU Y Y. High Performance Data Mining in Time Series: Techniques and Case Studies [D] . New York, NY: New York University, 2004.

[114] KEOGH E. Tutorial on time series [C] //Proceedings Of The 2001 IEEE International Conference on Data Mining San Jose, CA: the 2001 IEEE International Conference on Data Mining, 2001.

[115] PANUCCIO A, BICEGO M, MURINO V. A Hidden Markov Model - based approach to sequential data clustering [C] // CAELLI , AMIN A, DUIN R P W, et al. Proceedings Joint IAPR International Workshops Structural, Syntactic, and Statistical Pattern Recognition. Berlin: Springer, 2002: 734 - 742.

[116] BAGNALL A J, JANACEK G J. Clustering time series from AR-

MA models with clipped data [C] // Proceedings of The 10th ACM SIGKDD. Seattle, WA, USA: SIGKDD, 2004.

[117] RATTRAY M. Model – based distance for clustering [C] // Proceedings of the IEEE – INNS – ENNS International Joint Conference on Neural Networks, 2000, 4: 13 – 16.

[118] JI X, LI – LING J, SUN Z. Mining gene expression data using a novel approach based on hidden Markov models [J]. FEBS, 2003, 542 (1 – 3): 125 – 131.

[119] CADEZ I V, HECKERMAN D, MEEK C, SMYTH P, et al. Model – based Clustering and Visualization of Navigation Patterns on a Web Site [J]. Journal of Data Mining and Knowledge Discovery, 2003, 7 (4): 399 – 424.

[120] MÖRCHEN. Technical Report 33: Time series feature extraction for data mining using DWT and DFT [R]. Marburg, Germany: Department of Mathematics and Computer Science, Philips – University, 2003.

[121] AGRAWAL R., FALOUSTSOS C, SWAMI A. Efficient similarity search in sequenee databases [C] //PROC. Of the 4th Int' 1 Conference on Foundation of Data Organization and Algorithms. London: Springer Verlag, 1993: 69 – 84.

[122] CHU K K W, Wong M H. Fast time – series searching with sealing and shifting [C] //Proceedings of the eighteenth ACM SIGMOD – SIGACT – SIGART symposium on Principles of database systems. New York: ACM Press, 1999: 237 – 248.

[123] LAMAND S K, WONG M H. A Fast Projection Algorithm for Sequence Data Searching [J]. Data and Knowledge Engineering, 1998, 28 (3): 321 – 339.

[124] KEOGH E. Indexing and data mining in time series databases [M] //SHEKHAR S, XIONG H. Encyclopedia of GIS. Boston: Springer, 2004.

[125] CHEN F, FU W C. Efficient time series matching by Wavelets [C] //Proceedings of 15th IEEE International Conference on Data Engineering. Sydney, Australia: 15th IEEE International Conference on Data Engineering, 1999: 126 – 133.

[126] YI B K, FALOUTSOS C. Fast Time Sequence Indexing for Arbitrary LP Norms [C] //Proceedings of the 26th International Conference on Very Large Databases. Cairo, Egypt: the 26th International Conference on Very Large Databases, 2000: 385 – 394.

[127] CHANG P C, FAN C Y, LIN J L. Trend discovery in financial time series data using a case based fuzzy decision tree [J]. Expert Systems with Applications, 2011, 38 (5): 6070 – 6080.

[128] FU T C. A review on time series data mining [J]. Engineering Applications of Artificial Intelligence, 2011, 24 (1): 164 – 181.

[129] OTRANTO E. Identifying financial time series with similar dynamic conditional correlation [J]. Computational Statistics & Data Analysis, 2010, 51 (4): 1 – 15.

[130] DUAN G F, YU S, KAWAGOE K. Grid Representation for Efficient Similarity Search in Time Series Databases [C] // Proceedings of the 22nd international conference on data engineering workshops. Baltimore, Maryland, USA: IEEE, 2006: 64 – 70

[131] LIN J, VLACHOS M, KEOGH E, et al. A MPAA – based iterative clustering algorithm augmented by nearest neighbors search for time – series data streams [C] //HO T B, CHEUNG D, LIU H. Proceedings of the

9th Pacific – Asia Conference on Knowledge Discovery and Data Mining (PA-KDD05). Berlin: Springer, 2005: 333 – 342.

[132] LKHAGVA B, SUZUKI Y, KAWAGOE K. New Time Series Data Representation ESAX for Financial Applications [C/OL] //Data Engineering Workshops. Proceedings of 22nd International Conference. IEEE Xplore, 2006 – 04 – 24.

[133] AN J, CHEN H, FURUSE K, et al. Grid – based indexing for large time series databases [C] //LIU J, CHEUNG Y M, YIN Y. Proceedings of the 4th International Conference on Intelligent Data Engineering and Automated Learning (IDEAL03). Berlin: Springer, 2003: 614 – 621.

[134] AN J Y, CHEN Y P P, CHEN H X. DDR: An Index Method For Large Time Series Datasets [J]. Information Systems, 2005, 30 (5): 333 – 348.

[135] BAGNALL A, JANAKEC G, ZHANG M. Clustering time series from mixture polynomial models with discretised data: Technical Report CMP – C03 – 17 [R]. Norwich, UK: School of Computing Sciences, University of East Anglia, 2003.

[136] MORIK K, IMBOFF M, BROCKHAUSEN P, et al. Knowledge discovery and knowledge validation in intensive care [J]. Artificial Intelligence in Medicine, 2000, 19 (3): 225 – 249.

[137] KEOGH E J, KASETTY S. On the need for time series data mining benchmarks: A survey and empirical demonstration [J]. Data Mining and Knowledge Discovery, 2003, 7 (4): 349 – 371.

[138] CHUNG F L, FU T C, ROBERT W P. An Evolutionary Approach to Pattern – Based Time Series Segmentation [J]. IEEE Transaction On Evolutionary Computation, 2004, 8 (5).

［139］GUHA R, SHIM R K. ROCK: A robust clustering algorithm for categorical attributes ［J］. Information Systems, 2000, 25 (5) .

［140］QIAN Y T, SHI Q S, WANG Q. CURE – Ns: A hierarchical clustering algorithm with new shrinking scheme ［C/OL］// Proceedings of International Conference on Machine Learning and Cybernetics, 2002. IEEE Xplore, 2003 – 02 – 19.

［141］TSENG J J, LI S P. Asset returns and volatility clustering in financial time series ［J］. Physica A: Statistical Mechanics and its Applications, 2011, 390 (7): 1300 – 1314.